負動産地獄

その相続は重荷です

牧野知弘

文春新書

1398

まえがき　「いらない相続」はあなたにも降りかかる

およそ生物の中で、次世代に財産を「相続」できるのは人間だけです。歴史上登場する支配者、偉人、成功者たちもやがて歳を取り、自分たちが築いてきた権力や財産を血のつながる子供や親族に引き継いでいこうとしてきました。そしてその承継をめぐって多くの争いが繰り返されてきたのが人類の歴史です。

現代においても自分が一生をかけて築いた財産を子や孫にいかに引き継いでいくかは、多くの人々にとって永遠の課題であり続けています。人間だけができるこの財産承継、これが相続です。

相続財産にはいろいろなものがあります。現金、預貯金をはじめとして、有価証券、生命保険、不動産、宝石、貸付金、特許権や著作権など、要は「お金に換えられる」ものはすべてがその対象となります。財産といえばすべてがプラスと思われるかもしれませんが、マイナスの財産もあります。たとえば借入金です。収益を生みだすための借入金ならばよいのですが、マイナスにしかならないものなら相続放棄した方がよいケースもあります。

相続財産の中でも不動産は、その価値がとりわけ大きいことから重要視されてきました。現金で持っているよりも不動産にしておいたほうが、持ち逃げされない、地震や台風などの自然災害があっても土地は永遠に残る、まさしく「動かない」財産なのです。そして現代では相続において、現金で持つよりも、評価額が時価よりも安く算定されるなどの理由から、富裕者から一般庶民に至るまで不動産は重宝されてきました。いわば相続財産の中で不動産はスター的な存在として扱われてきたのです。

しかし、実は日本では今、「普通の家族」において、この親が残していった不動産の取り扱いで苦しむ子、孫が増えているのです。親が無理な相続対策を行った結果、多額のローンがついたまま、借り手のいないアパートを相続し苦しむ子、親が残した地方の実家の取り扱いで悩む子、郊外ニュータウンの親の家の処置に悩む子、もう出かけることのなくなった別荘の老朽化に見て見ぬふりを決め込む子、親から引き継いだ山林の管理で途方に暮れる子などなど。

現代日本は、大都市圏の新築マンションが途方もない金額で売り出され、これを喜んで買い求める人たちがいるいっぽうで、国内の空き家戸数は８４８万戸（２０１８年）を超えました。所有者が不明な土地は４１０万ha（２０１６年）と九州全土の面積３６７万ha

を上回るに至り、大きな社会問題となっています。貴重な財産であるはずの不動産が、かたや高い評価で珍重され、かたや全く見向きもされずに放置されている。なぜこのような事態になってしまったのでしょうか。第2章で詳しく述べますが、その背景には、不動産という財産が正常な形で次世代に引き継がれないという「不都合な真実」が隠されているのです。

人間は誰しも生物であるかぎり死を迎えます。そして幸か不幸か日本では、法制度上において相続というイベントを全員が一生の間に何らかの形で経験することとなります。残念ながら人はいつ亡くなるかを自分で決めることができません。もちろん親がいつ亡くなるかについても同様です。親が亡くなってはじめて相続というものに遭遇するために、相続に対する基本的な認識に欠けている人も少なくありません。その中でもとりわけ不動産については、現預金や有価証券とは異なり、その取り扱いに悩み、「いらない不動産」として持て余す人たちが増えています。本書では相続財産の中でも特に大きな存在である不動産を中心に、相続の実態とこれからの対応を考えていきたいと思います。

ところで本書を今、手に取っていらっしゃる読者の皆様は、ご自身の親がどれほどの資産を持っているか正確に把握しているでしょうか。ご高齢の方であれば、ご自身がお持ちの資産の全容を、配偶者はともかく子供たちに知らせているでしょうか。そもそもご自身がどのくらいの資産を持っているか、意識して計算している人自体が少ないかもしれません。現金や預貯金はともかく、不動産について資産価値を算出し、理解している人はほとんどいないのが現実です。

私も今から3年半前に父親を亡くしました。齢《よわい》93ですから大往生と言ってもよいかもしれません。その時すでに母親も87歳。父親は遺言書を書いていて「俺が死んだら、開封するように」と母親には言伝してありました。

相続の世界では、親が亡くなって相続が発生する場合、両親のうちのひとり、たとえば父親が亡くなり、配偶者である母親が健在であるときの相続を「一次相続」と呼びます。そして残された母親が亡くなってあらたに相続が発生した場合、これを「二次相続」といいます。我が家の場合、その一次相続が発生したのが3年半前の出来事だったのです。

遺言書の開封は、本来であれば家庭裁判所に出向いて相続人全員の立ち会いのもとで行わなければなりません。相続人は、母親、姉、兄そして私の4人です。しかし誰にも父親の財産でのちに揉める可能性がなかったので、葬儀のあと兄が持ち出して、裁判所に行くのも面倒なので皆が集まった実家で開封してしまいました。本当はいけないのですが。

私はきょうだいの中で、あまり父親には好かれていないと思っていたのでなんだか複雑な気分でした。厳格な父親だったので、下手をすれば遺言書の中で私への説教の一つでも飛んでくるのではないか、それを皆の前で開陳されるのはなんだか恥ずかしい、などと思ったものです。

しかし、遺言書にはたった一言「私の全財産は妻に相続する」とありました。私たちきょうだいは、母親に全財産が移転することに特に異議もなかったので、その場では「ああそんなものか」でした。

ところが大変だったのはそれからでした。母親はだいぶ高齢になっていたのと現預金の管理などはすべて父親が行っていたため、父親の資産の全容がなかなか掴《つか》めないのです。正式な遺言書として、財産目録をつけるなど専門家の指導の下で作成したものであればよかったのですが、おそらく父親が独自に判断して記したものなので財産目録がありません。家じゅうの捜索が始まりました。預金通帳やキャッシュカードなどはすぐに抽斗《ひきだし》から出てきたのですが、有価証券は証券会社から来ている報告書などを頼りに割り出すのに苦労しました。私が忙しいために、兄に頼り切りになってしまったのですが、兄は根っからの技術職で、こうした金融資産、ましてや不動産などの基礎知識は全くない人です。ずいぶん苦労を掛けてしまいました。

証券会社の口座をチェックすると、どうも母親には内緒で怪しげな外国債券などに投資をしていて、報告書をみるに相当額の為替差損を計上していることも発覚しました。不動産は自宅のほかに賃貸マンションや小さな別荘があったので、これは私が調べておおむねの財産評価を試みました。

不動産については、土地は路線価評価額、建物は固定資産税評価額をもとに算出するのですが、この基本的な考え方を幸いなことに私が知っていたために、すぐに積算することができました。しかし一般の人ではこうした基礎知識はありませんので、不動産の価値がどの程度であるか見当もつかないのが実情ではないでしょうか。

ちなみに路線価評価額とは、当該物件に面する道路に付けられた価格で、国税庁が毎年7月に公表しています。この価格をもとに相続税評価額を算出するのですが、現代ではネットで誰でも閲覧することが可能です。建物部分については毎年5月頃に送られてくる固定資産税通知書に土地と建物について評価額が記載されていますので、通知書を保管していれば知ることができます。また土地については固定資産税通知書にある土地に対する評価単価（1㎡当たりの評価額）を7で割って8を掛けるとおおよその路線価単価となります。路線価評価額は、公示地価の約8割、固定資産税評価額は、7割が目安だからです。

そのことに加えて小規模宅地等の特例の知識があれば、おおむねの評価額がつかめることになります。

ただ最近では株式や債券の取引などはネットが主流であり、運用報告書なども書面ではなく、本人のメールアドレスなどに直接送付されることが増えています。父親は年齢のわりには、ネット環境に親しんでいたので、何か別の取引もしているのではないかとずいぶん心配しました。本人でなければわからないパスワード、相続財産の申告には必ずしも必要ありませんが、ネット上での様々な会員登録を行っていることによる会費の徴収など、個別取引が主体のネットの世界では、なかなかたどり着くまでに苦労が多いのです。

兄と私との連携で全体の資産内容を把握したと思った後でも、実際にはまだ別の資産の発見がありました。また不動産の一部で権利証が見つからないなどの騒動までありました。

私たちの親は幸い、同じ県内に在住していたことから家内捜索は比較的順調だったことでなんとか全容を把握できましたが、これが地方であればどんなに大変だったかと思わされます。

これは一次相続の話ですが、それでもこの大変さでした。もっと大変なのが、親から子への二次相続です。
相続税がかかる、かからないに関係なく、親の資産は相続されます。資産の内容を親が亡くなる前になるべく把握しておくことが重要です。しかし、現実には親の財産がどのくらいあるか詮索するのはなにやら親に早く死ね、と言っているような誤解を与えかねない、また親と良い関係が築けていない、など多くの理由で子供が知る機会がなかなかありません。また親のほうも、財産内容を子供に教えてしまうと、子供が働かなくなる、人生を甘く考えてしまう、などの親心も災いして隠したがるところもあります。

少なくとも被相続人である親の側が、自分が亡くなった後に相続する配偶者や子供たちが困ることのないよう、財産目録程度のものは残しておかないと、あとに残される相続人たちがいかに苦労するか思い知ったのが、父親の亡くなった我が家の一次相続でした。

はじめにお伝えしておきますが、本書はいわゆる「相続税対策本」ではありません。読んでいただきたい対象は、相続税など心配しなくてもよい方も含め、必ず相続を経験するはずのすべての方々です。ほとんどの人が必ず遭遇する親からの相続のうち、否応なしに一定の負担を強いられることになる「どうしようもない不動産」「取り扱い注意の不動産」に多くの人たちが悩まされていく未来、新・相続問題について語ります。団塊世代が後期高齢者の仲間入りを始めるこれからの日本社会では相続が多発します。そして多くの相続人が親の残した不動産で苦しむ「相続難民」の時代が到来しようとしています。

相続が起こってしまった後に悩みたくない方、相続後の不動産の取り扱いに悩んでいる方は、ぜひ本書でご一緒に相続の真実と日本社会の未来を考えてみましょう。

負動産地獄 その相続は重荷です◎目次

第1章　激増する「いらない相続」

相続の現状とこれから

日本国内では毎年どのくらいの相続が発生しているのでしょうか。この数値を知るのは簡単です。年間の死亡者の数だけ相続が発生しているからです。図１は１９８３年から２０１９年に至るまでの死亡者数、つまり相続発生件数と、そのうち課税対象となった件数の推移です。２０１９年は年間で約１３８万人の方が亡くなっていますが、83年当時その数は74万人です。日本は高齢化しているだけでなく、高齢化すれば亡くなる人の数が増え、相続もどんどん増えていることがわかります。国立社会保障・人口問題研究所の推計によれば、今後２０４０年にかけて死亡者数は増加を続け、年間１６０万人を超えるとされています。日本はこれからの20年間で大量相続時代を迎えるのです。

いっぽう相続税が課税された件数をみてみましょう。83年は３万９千件であったものが、２０１９年では11万５千件と３倍近くに膨れ上がっています。ただしこの数は２０１５年に税制が改正され、課税遺産総額を計算する際の基礎控除額が減額されたために、相続税の課税対象者が増えてしまったという背景があります。それでも改正前の２０１４年で５万６千件ですから83年当時よりも42％も増えています。

図1　国内死亡者数と相続税課税件数推移

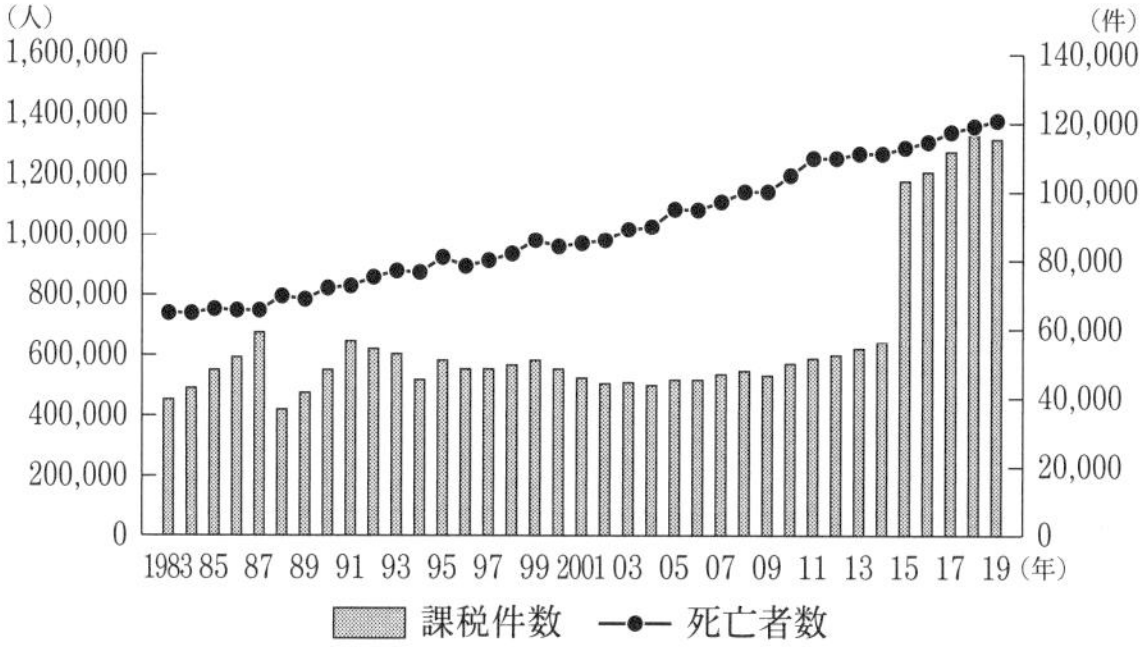

出所：財務省

それでは相続発生件数のうちどのくらいの割合で相続税が課税されたのでしょうか。これは課税件数を死亡者数で割れば出てきます（図2）。

おおむね8％強です。税制改正前は4％台前半くらいでしたが、改正により課税対象者が増えた結果、今では亡くなった方の約8％にあたる相続で、相続税の負担が発生していることになります。

なんだ、たったの8％か。92％は対象外ならば私は関係ないや、とここで読み終わらないでください。まえがきで書いたように本書は相続税対策本ではありません。もう少しおつきあいください。

まず、相続税課税の対象者が少ないのは、課税計算の方法を見ると明らかです。相続の対象となる財産は「お金に換えられる」ものと言いましたが、これらの財産を評価した額（相続税課税価格）から基

図２　相続税課税割合推移

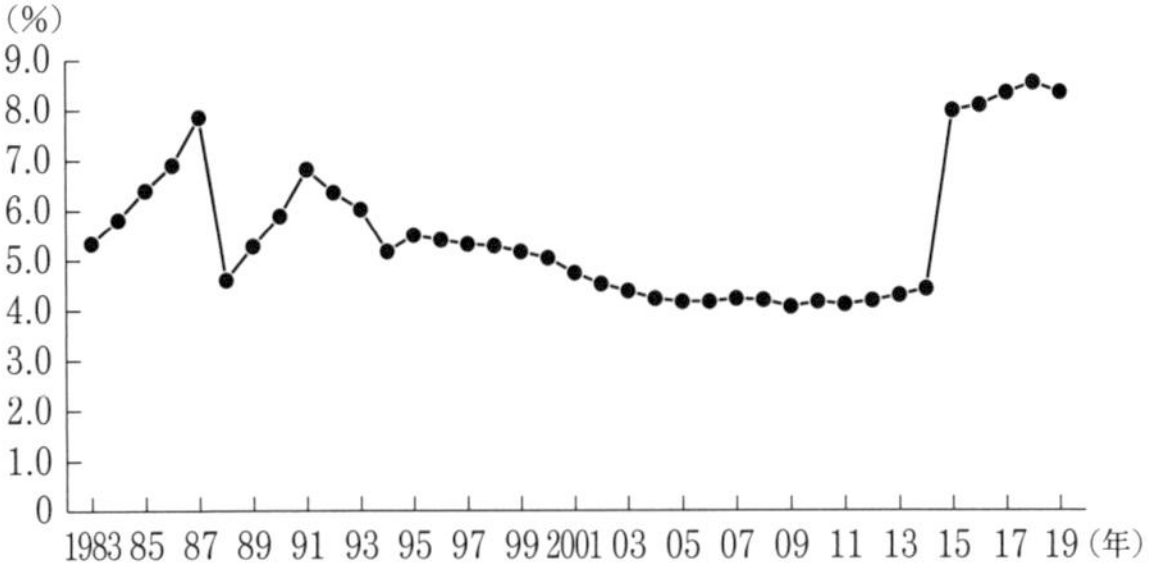

出所：財務省

礎控除額を引いたものを課税遺産総額といい、大まかに言うと、これを法定相続分（法律で定められた各相続人の取り分）に分けて課税対象額を算出するのですが、現状での基礎控除額は次の通りです。

基礎控除額＝３０００万円＋６００万円×法定相続人の数

たとえば法定相続人が３名の時は４８００万円を遺産総額から差し引くことができます。多くの世帯では課税対象とならないことが推測できます。また配偶者がまだ存命である場合は、１億６０００万円の配偶者特別控除枠がありますので、多少資産を持っている方でも、少なくとも一次相続に際しては税金の心配はいらないということになります。

しかし、基礎控除額については、２０１５年の改正前は５０００万円＋１０００万円×法定相続人の数でした。法定相続人が3名であれば8000万円が控除できたところを、6割に減じられたのです。この影響により首都圏などの大都市圏で、高度経済成長期以降、地方からやってきた人たちに大量相続が発生するこれからは、相当数が課税対象になる可能性があるといってよいでしょう。特に大都市圏で不動産を持っている人にとって、たった8%しか対象にならないとタカをくくっていてはならない、近い将来に起こりうるリスクなのです。

では実際、相続税の課税対象となった財産の内訳をみてみましょう。なんと土地、家屋を合わせた不動産の割合は39%と全体の4割にも及んでいます（図3）。いかに不動産が相続にあたっての重要なポイントになっているかがわかるでしょう。

図3　相続財産金額構成比（2019年）

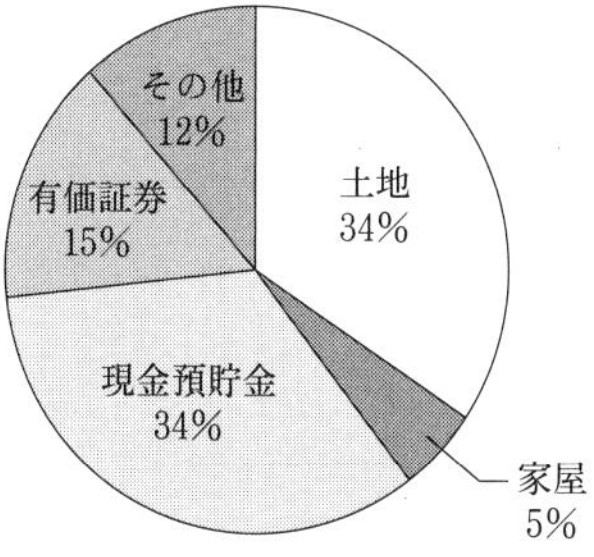

出所：国税庁

実は相続税の課税対象になる、ならないは別として、この不動産、今後は相続においてこれを受け継ぐ人（相続人）に大きな負担を課すことになりそうなのです。本書の狙いはこの相続してしまう不動産のお話です。

「普通の家族」が「いらない相続」に悩まされる

相続に詳しい私の知人の税理士によると、最近の相続現場では、親の残した財産の帰属をめぐって壮絶なバトルが展開されることが多くなっているとのことです。昔から相続では、相続人同士の思惑やいがみ合い、生前の被相続人との関係などがからむ骨肉の争いとなり、「相続」ならぬ「争族」になる、ということは、映画やドラマのテーマにも取り上げられ世間一般にもよく知られていますが、最近はちょっと様相が違うらしいのです。

ひとつめが、これまではほとんど相談のなかった人たち、つまり相続税の心配が全く必要でなかったと思われる人たちからの相談が増えていることです。普通のサラリーマン家庭で両親が亡くなります。多くの場合、財産として計上されるのは、現預金や有価証券、そして生前父親が住宅ローンを背負いながら頑張って買った都市郊外の一軒家、父親がそのまた親から相続した地方の実家くらいが対象です。

これらの財産を子供2人が相続する際にトラブルになるといいます。まず、こうした事例で相続税の心配をする必要はあまりありません。両親が亡くなったあとでの相続でも、子供2人であれば基礎控除額は4200万円（3000万円＋600万円×2人）。郊外の一軒家であり、建物の築年が古ければそれほど高い評価にはなりません。土地も、路線価評価額は公示地価の８割程度ですので２０００万円にも届かないのが通常です。地方の実家は土地が安いのでほぼ無視できる金額です。残された預貯金や有価証券は普通のご家庭では１０００万円程度。合計してもなんとか基礎控除の範囲内に収まります。結論として税金の心配はありません。ところがこれを２人で分けるときに、トラブルが勃発するのだそうです。

　つまり、２人とも現預金を相続したい。親の家はいらない、ましてや地方にある親の実家（祖父母の家）なんてまっぴらごめん、というわけです。以前は相続トラブルの一番の原因は、不動産をどちらが相続するか、価値のある家を長男が相続するか、次男あるいは長女かで大揉めになったのだそうです。ところが最近は、家はいらない、金が欲しいの大合唱で、挙句の果てに大喧嘩という図式です。

　一見すると不動産、特に一軒家は相続税評価上、数百万円からせいぜい１０００万円程度に減額されていますが、本来はもっと価値があるはず。つまり大きな評価減を受けているだけで実際の時価は高いのですから、これまでは誰もが家を欲しがったものでした。ところが、現代では相続人の誰しもが、家は嫌だ、と言い出したのです。何とも奇妙に聞こえますが、これが現実なのだそうです。

ふたつめは、これはもう税理士業務の範疇外のような話ですが、相続後のトラブルです。現金争奪戦は結局、親の遺言書でもなければ互いの話し合いで解決するしかありません。解決しないとどうなるか。受け取りたくなかった親の家を子供たち全員が共有で相続したりしてしまいます。そして共有はきょうだいであってもトラブルのもと。相続した不動産をめぐって相続人同士の争いが勃発。相談を受ける事例が増えているのだそうです。

これは実際に私に相談があったお客様の事例です。お客様は中堅企業のサラリーマン。数年前に父親が亡くなり、母親はすでに他界されていたので、親の財産をきょうだい３人で相続しました。その際、東京郊外にある彼らきょうだいが過ごした実家は、３人の共有で等分に受け継いだのだそうです。

彼は３人きょうだいの真ん中。兄は海外赴任でもともと家には何の関心もなかった人。妹はすでに結婚して埼玉県に在住。この妹が相続の際にはもっとも現金にこだわったといいます。相続後も家の管理を誰かがしなければなりませんが、妹は自分の家のことで精いっぱいだからと、なんだかんだと理由をつけて全く実家には姿を現しません。仕方がないので、次男である彼が、休みの日を利用して数週間に一度、家に風を通し、庭の植栽を剪定したりして管理をしてきました。

でも自分もすでに神奈川県内に家を確保している。兄は当分外国暮らしが続くとのこと。妹は相続時にも強硬に現金が欲しい、と言っていたことだし、なにやら不動産価格も上がっている。このチャンスに家を売ってしまおう。売ったお金をみんなで分ければよいではないかと考え、これを兄と妹に告げました。

兄は、そもそもどうでもよいと思ったのか、

「ああ、お前の好きなようにすれば。だって俺は帰国しても別にマンションがあるし。だいたいそんな不便なところから通勤なんてできないよ」

とほぼ想定通りの返事。ところが妹が驚愕するようなセリフを吐いたのです。

「あら、何言ってんのよ。あの家はお父さんが多額のローンを組んで私たちのために一生懸命働いて建てた家よ。売る、なんて絶対に許さない。お兄ちゃんってなんて冷たい人！」

不動産の売却は物件の所有者全員の同意がなければできません。現金派の妹からの思わぬ浪花節。

「でも、どうするのさ、この家。郊外にあって最寄りの駅からもバスで25分。東京都心までは駅からさらに1時間以上かかる。家を貸すにも借手なんかいやしない。だいたい家を

管理しているの、俺だろ」

彼の述懐でした。

あたりまえですが、不動産はただ所有しているだけで、固定資産税や地域によっては都市計画税がかかかります。家を維持していくには、マンションなら管理費や修繕積立金の負担が毎月発生します。戸建て住宅でも家の風通しや通水などをこまめにしていないと、特に木造住宅などはあっというまに傷んでしまいます。細かな修繕費用の負担、庭木の剪定などなど費用の塊です。

このように誰も使わない、そして誰の役にもたつことがない不動産であっても、不動産は引き継がれていくのです。車や機械であればこれをなくしてしまう、つまり捨ててしまうことができますが、不動産は家を壊せても、土地を削り取ってこの世からなくしてしまうことは不可能です。マンションに至っては自分の意思では壊すこともできず、月々の費用負担からも逃れることができません。相続財産の対象としてなかなか厄介な存在なのです。

相続とは、世間ではなんとなく、税金の問題？　とステレオタイプに考えがちなのですが、そうではありません。まず相続はどこの家でも必ず発生するものです。それは人が亡くなるからです。そして亡くなった人は何らかの形で「遺産」を持って亡くなるものなのです。

普通の家庭で普通に起こるのが相続です。そしてその受け継がれていく遺産の中に、税金はかからなくとも、厄介者となった不動産が隠れているのです。

団塊世代の後期高齢者入りは相続激増の号砲

団塊世代と言われる１９４７年から49年に生まれた人は、出生数約８０６万人。この世代は日本の人口ピラミッドの中で常に最大派閥を形成してきました。彼らが18歳から22歳の大学生にあたる頃、国内では70年に期限を迎える日米安保条約の延長をめぐり、全共闘や左翼系諸派の学生運動が盛んになりますが、この中心にいたのが彼ら団塊世代です。

彼らの多くは安保闘争が終息すると、これまでの過激な思想をすっかり翻して企業などに就職、企業戦士として今度はそのあふれる情熱を仕事のために注ぎ込みます。特に企業組織の中にあって最も脂がのる40歳前後、彼らは平成バブルの真っただ中にいました。彼らは世界中を飛び回って優秀な日本製品を売り込み、国内外の不動産を買いまくり、稼いだカネを銀座や六本木で豪快にばらまきました。

私は団塊世代からはひとまわりほど下の世代にあたりますが、サラリーマン時代は元気にやりまくった諸先輩方のプロジェクトの「後始末」に追われる日々でした。彼らは常に声が大きく、学生運動などで鍛えたリーダーシップを随所で発揮し、常に集団（チーム）で行動することを美学とする、体育会系的な方々でした。製薬会社の広告の、どこにでも出没して猛烈に働くJapanese Businessman の象徴的存在が彼らだったのです。

彼らの多くは、一部経営者などで残っている人を除いて、すでに企業社会では一線を退かれています。しかし、リタイア後の彼らは、今度はその元気を国内外の旅行や地域活動などに発揮して、活躍の場を広げています。年金も後続の世代に比べれば潤沢。大企業に勤めていた人達などは、厚生年金に加えて手厚い企業年金を受け取るなど、経済的には恵まれた層とも言えます。

さてこの元気いっぱい世代も47年生まれを皮切りに、２０２２年から後期高齢者（75歳以上）の仲間入りを始めました。日本人の健康寿命は男性が72・68歳、女性が75・38歳（２０２１年）です。全員が今後も元気に過ごせる年齢ではなくなっています。実際に２０２１年時点での団塊世代人口は６００万人ほど。出生時の75％に減少しています。これから平均寿命である男性81・47歳、女性87・57歳までのあと5年から10年の期間にこの

表１　首都圏における高齢者数の内訳

単位：千人

	高齢者			計
	後期高齢者	65歳〜74歳	うち団塊世代	
東京都	1,659	1,456	**518**	3,115
神奈川県	1,225	1,098	**392**	2,323
埼玉県	1,000	972	**345**	1,972
千葉県	900	834	**298**	1,734
首都圏計	4,784	4,360	**1,553**	9,144

2022年１月１日現在（千葉県のみ４月１日現在）

出所：各自治体HP等から作成

うちのかなりの方が亡くなる、つまり相続が発生することになります。

２０２１年時点での後期高齢者人口は全国で１８６５万人です。このカテゴリーにあとわずか3年間で現在の数の3分の1に相当する６００万人近くもの「新人」が加入してくるインパクトは絶大です。そして健康寿命を超え、寿命を全うし始めたときに生じるのがこれから日本で確実に起こる相続ラッシュなのです。

さてこのことを首都圏（1都3県）に的を絞って考えてみましょう（表1）。首都圏における高齢者人口（65歳以上人口）は９１４万人、このうち４７８万人が75歳以上の後期高齢者です。団塊世代はまだ後期高齢者にはカウントされていません。この時点で首都圏に住む団塊世代は東京都で51万8千人、神奈川県で39

万2千人、埼玉県で34万5千人、千葉県で29万8千人の計155万3千人にのぼります。
首都圏でも例外なく相続ラッシュになることが容易に想像されます。団塊世代の多くは1980年代を中心にマイホームを首都圏の郊外部に取得しています。これらの家は一次相続時点では配偶者に無事引き継がれるでしょうが、二次相続になると、彼らの子供の多くが、果たして親の残した家に住むことを選択するでしょうか。

そして親の残していく財産の中でも、このマイホームが意外な厄介者になる可能性があるのです。この話については第3章でまた詳しく触れていきます。

国内では初めて相続ラッシュの時代を迎えます。日本は戦争で多くの国民を失いました。戦後から平成にかけて亡くなった多くの人たちは戦争で苦労をし、廃墟の中から立ち上がってきた人たちです。人口ボリュームも小さく、また金融資産や不動産といった財産も少なかったのです。団塊世代の方々でも親からたくさんの遺産を相続したという人は少なく、せいぜい地方の実家、付随した田畑や山林などでした。きょうだいも多いので資産は分散し、相続争いなどもごく一部のお金持ちの話に限られていました。

世代が代わり新たな問題となるのは、これから亡くなる方の多くが、ある程度の金融資産を持ち、マイホームを持っているということです。戦後三世代、あるいは四世代目に引き継がれていくこれからの家族の系譜で、相続の問題は複雑化し、悩ましいものになっていきます。

どうやら団塊世代が後期高齢者入りを果たす２０２２年以降は、相続激増の号砲が鳴り響く時代と言えそうです。

一次相続、夫が残した余計な家で途方に暮れる妻たち

世の中では一般的に男性よりも女性のほうが長生きです（平均寿命男性81・47歳、女性87・57歳）。また夫婦の年齢構成も、特に高齢世帯になるほど男性のほうが年上である割合が高くなります。つまり一般的な世帯では、平均寿命から考えても、まず男性から亡くなることになります。

団塊世代以上、つまり後期高齢者の世帯では妻の多くが専業主婦でした。団塊世代の多くが結婚していた１９８０年では、専業主婦世帯と共働き世帯の割合はおおむね2対1でした。現在はその割合が完全に逆転して1対2くらいになっていますが、当時は職場結婚でも女性が退職して専業主婦になるのがあたりまえでした。

80年代、東京の地価はバブルのピークを目指してうなぎのぼり。団塊世代は都心ターミ

ナル駅から郊外に延びる鉄道沿線にマイホームを求めました。妻にとっては、夫が毎朝毎夕、都心にある会社まで通勤をする。自分は家事、子育てに専念するという完全な分業体制にありました。したがって立地は地価の安い郊外に限定され、自然環境や子供の教育環境が重視されました。お受験が盛んになったのもこの頃から。郊外衛星都市駅前の学習塾には夜になると、子供を迎えに来る車が列をなしましたが、ハンドルを握るのは妻たちでした。

子供たちが学校を卒業し、夫が定年退職を迎えると、ローンを必死に返してようやくわがものとなった家の中も、子供部屋が空いてなんだか妙に広く感じるようになります。そしてそれから夫が亡くなると、いよいよこの広い一軒家をどうしたらよいのか妻たちが悩むようになります。

私の知人で、千葉県大網白里市で１９９０年代初期に大手デベロッパーが分譲したニュータウン内の戸建て住宅に住む女性がいます。夫は5年前に亡くなり、現在は彼女が家を相続して住んでいます。年齢はすでに70歳を超えていますが今でも大変お元気で、地域コミュニティの世話役をやり、地域内にそれなりに友人も多いそうです。

ところが彼女に話を聞くと、とにかく早く引っ越したいと言います。理由は、家が広すぎて管理が面倒とのこと。家は普通の戸建て。床面積１２０㎡くらいの４ＬＤＫです。ご自身は独り身になって、別に寂しいわけではないそうですが、家の掃除が大変。また駅まではバスが基本。バスは往時よりどんどん本数が減ってしまい不便なことこのうえない。まだ車の運転ができるが、そろそろ免許も返納したい。周囲は年寄りばかりになり街に活気もなく、タウン内にあったスーパーもなくなり、買い物にも苦労する。ところがなかなか希望の値段で家を買う人も現れない。こんな嘆きが延々と続きます。

この年代の方々は、夫の会社への通勤と、年収で買うことができる範囲で家選びをしてきました。専業主婦の妻の要望は家族の健康などのささやかなものでした。夫が亡くなり相続によって得た家は、自由な身となった妻たちにとって、必ずしも快適ではなくなっているのです。

この知人にどんな家に移りたいのかと聞くと、必ずしも都心に出なくてもよいけれど、マンションがよいと言います。鍵一つで出入りができるし、車に乗らなくても困らない生活がしたいとのことです。

これは郊外ニュータウンにかぎったことではありません。夫が亡くなったあと妻が生きる時間は長くなっています。相続する家が必ずしも快適でなく、その維持に汲々とする妻が増えています。昔は、先祖代々の家を守らなくてはならないといった「家」という概念に縛られてきましたが、郊外ニュータウンの家に守らなければならないだけの理由も歴史もありません。また多くの人が都会に出て行ってしまい、人口減少や激しい高齢化が進展する地方で、家だけをどんなに守っても将来が俯瞰できない、そんな事例が増えているのです。

残された家という財産が、必ずしも妻たちにとって貴重なものではなくなってきています。家の扱いに悩むのはほとんどが妻、女性たちになるのがこれからの相続問題です。

これから増える二次相続課税世帯の憂鬱

厚生労働省「国民生活基礎調査」によれば、２０１９年における高齢単身者世帯数（65歳以上の単身者世帯）は７３６万９千世帯になっています。約20年前の２０００年でその数は３０７万９千世帯、35年前の１９８５年で１１３万１千世帯であったことを考えると、日本中で今、高齢者の単身世帯が激増しているさまが窺えます。65歳以上の人がいる世帯全体の約３割がすでに単身者世帯となっていることも衝撃的です。

高齢単身者世帯には次の３つの類型があります。①配偶者が亡くなり、一人住まいを続

図４　高齢単身者世帯数推移と割合

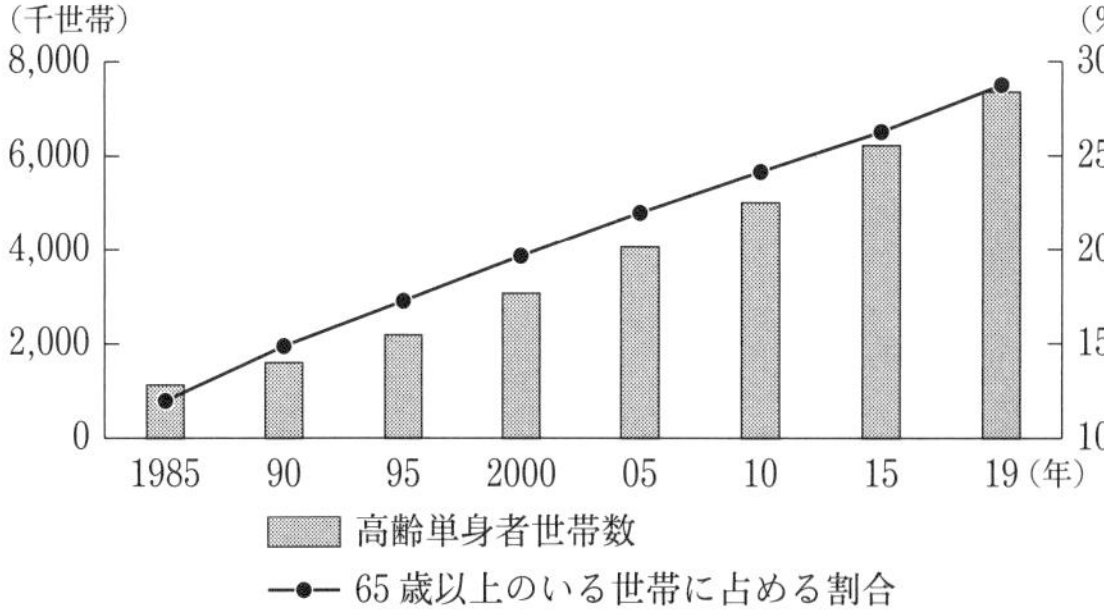

出所：厚生労働省「国民生活基礎調査」2021年、厚生省「厚生行政基礎調査」

けている人、②離婚をした人、③生涯独身を貫いている人、です。最近では②や③の人も増えていますが、世の中で多くを占めている高齢単身者世帯は、①の配偶者と死別した人です。つまり家族の中ではすでに一度相続が発生した状態にあるということです。そしてこの高齢単身者世帯の急増が意味するのは、今後かなり早い時期に多くの二次相続（二回目の相続）が発生するということです。

さて二次相続の場合、最初に起こった一次相続とはどう異なるのでしょうか。実は一次相続で相続税を支払った記憶がなくても、二次相続はそんなに甘くはないことを、多くの未来の相続人たちは気付いていません。相続は確実に発生します。発生した場合に生じることを、未来の相続人たちの間でよく理解しておくことが肝要です。

一次相続の場合、あまり相続税が問題とならないのは、配偶者が相続する場合の特典が多いからです。まず配偶者の相続分は、相続税評価額から１億６０００万円または法定相続分相当額のいずれか多い額を控除することができます。つまり遺産を受け取る配偶者（妻または夫）はとても優遇されているのです。

さらに配偶者が被相続人と住んでいた自宅については、財産評価を行う際に小規模宅地等の特例が適用され、土地部分の評価額を面積３３０㎡（１００坪）までについて、なんと80％も減額することができます。

一次相続の場合、多くの家でまず税金の心配がいらないと言われるのは、この「配偶者控除」と「小規模宅地等の特例」があるからです。

ところが二次相続の場合、相続するケースの多くは子供です。妻や夫ではありません。つまり配偶者控除はそもそも適用されようがないのです。子供だけが相続するため、基礎控除額（３０００万円＋６００万円×法定相続人の数）についても人数が減る分、控除額は減額になってしまいます。

では自宅はどうでしょうか。一次相続の時に適用された小規模宅地等の特例を使って相続評価額の減額を受けるには、相続人（例えば子）は、「家なき子」の特例を除き、原則として被相続人（例えば親）と生計を一緒にして同居していなければなりません。つまり親と以前から同居していて、その家を相続することに決めている場合にしか適用されないということです。

同居していることを税務署に証明するには、住民票が移転されているだけでなく、実際に生計を同じにしていたかを十分に証明するものがないと適用されないとも言われます。これが同居していないとなった場合には、親の家の相続評価にあたっての特典が受けられないことになり、自宅の評価額によっては課税されてしまう恐れがあるのです。

現代の家族では、親と同居する子供がいないケースが多いです。しかし、相続はとにかく「家族」を中心に論理構成がなされていますので、親と同じ家に住むなら、その資産である家くらいは子供に引き継がせてやろうというのが根幹の発想になっています。

親の家が首都圏などの大都市圏郊外にあれば、場所によっては相続税評価額が３０００万円、４０００万円になることは決して珍しいことではありません。これに加えて現金や株式などが２０００万円くらいあれば、核家族化がすすんだ現代家族では、相続人が子供１人あるいはきょうだい２人などといった場合が多いために、あっというまに相続税がかかることになってしまいます。

現在でこそ、年間で発生する相続件数のうち相続税課税の対象となる世帯は８％程度とされますが、単身高齢者が激増したこれからは、課税対象世帯が激増することも容易に予想されます。２０１５年の基礎控除額減額の改正により、都内で今後発生が予測される相続税対象世帯数が2倍になるとの試算もあります。

課税がされなくても、親の家という、今後住むあてのない家が二次相続では否応なしに手元に入ってくる。処分に困る地方の家、都市郊外の家、他人に貸したりするマーケットがない家、売りに出しても買い手がつかないような家は、世の中にたくさん存在します。さてどうする、です。

二次相続はそういった意味では、相続人にとって親や代々の資産を受け継ぐことを強烈に意識させられる相続なのです。特に少子化が進み、相続人自体の数が少なくなっていくこれからの社会で、悩みの多い、憂鬱なイベントともいえるのです。

「老老相続」～偏在する高齢者財産と受け取れない子供

日本人全体が長生きになりました。また現在の高齢者は戦中から戦後の日本を支え、世

図５　世帯主の年齢階級別家計資産構成（総世帯）

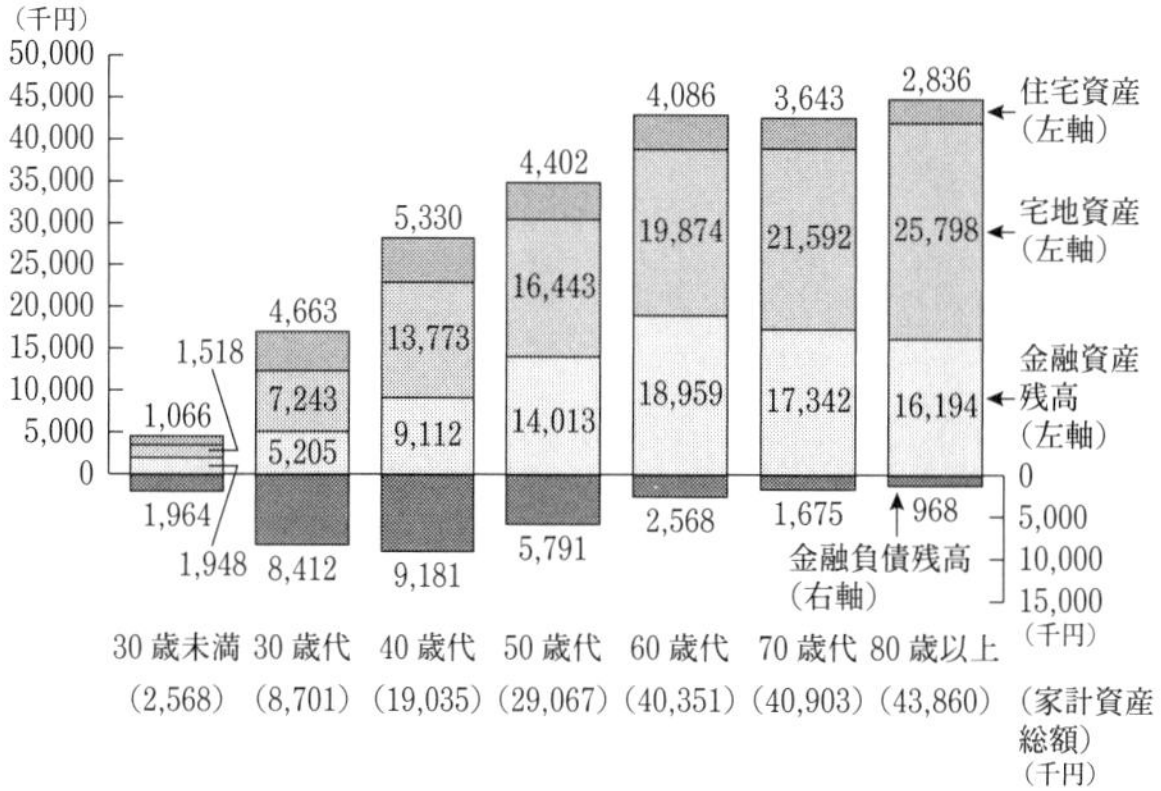

出所：総務省「全国家計構造調査（旧全国消費実態調査）」2019 年

界でも稀にみる経済の高度成長を成し遂げてきた人たちです。彼らが一定の財産を築き上げ、長寿をまっとうすること自体は、大変結構なことといえます。

総務省「全国家計構造調査」によれば、高齢世帯になるほど金融資産、不動産を多く保有している姿がみてとれます。いっぽうで30歳代、40歳代は住宅ローンを中心とした負債を多く抱え、金融資産を形成できず、その額は負債を下回る状態になっています。

この年代は、ローン返済に加えて子供の教育費も重く圧し掛かります。以前は給与体系も終身雇用を前提にした年功給の要素が強く、年齢が増すにつれて自動的に昇給していく構造にありましたが、今では多くの企業では実

図6　年齢階級別資産保有割合の推移

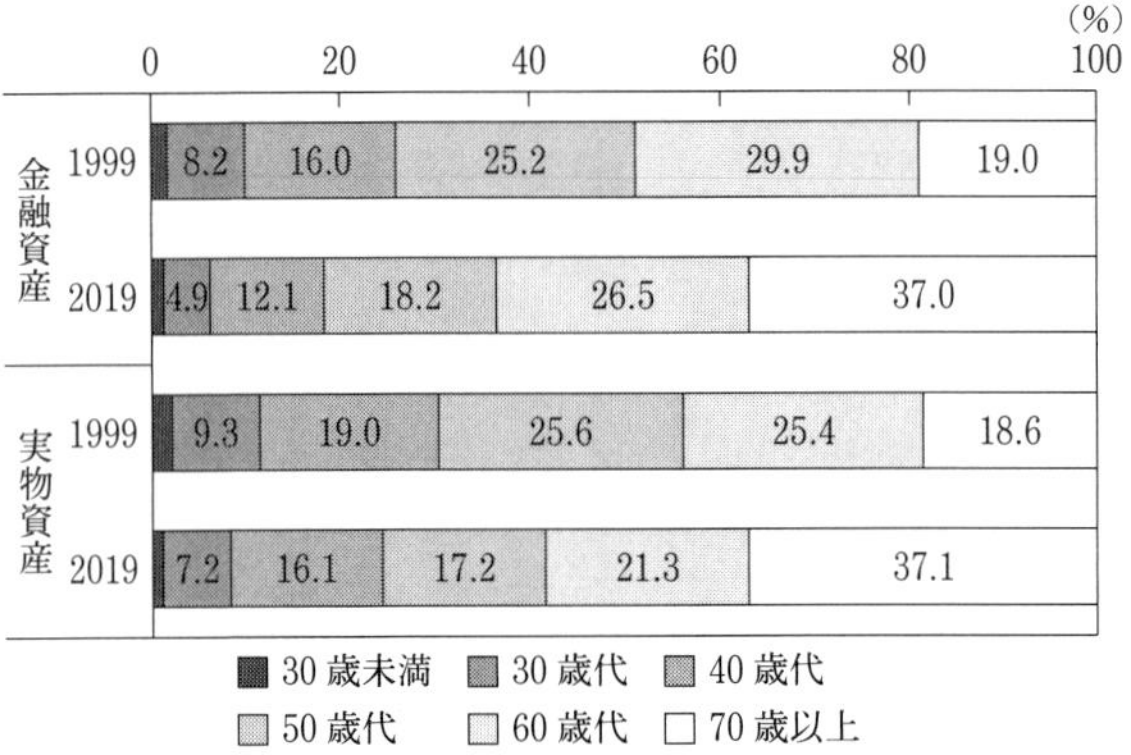

出所：総務省「全国家計構造調査（旧全国消費実態調査）」2019年

績給の割合が増え、業績によっては全く上がらない、あるいは降格などで下がるリスクを背負うようになっています。

相続のよいところは、親の築いた資産を子や孫に承継していくことにありますが、なにせ親が長生きになった結果、子供に財産が引き継がれる時期がどんどん「先送り」されていくという事態を招いています。

図6は、年齢階級別の資産保有割合について１９９９年と２０１９年で比較したものです。この20年間で金融資産、実物資産のいずれもが70歳以上に偏在していく状況にあることがわかります。

一般的に高齢者ほど消費をしなくなるといわれます。歳を取るとそもそも新しいことに興味を抱かない、今更お洒落をしても仕方がないと考える、などの理由もありますが、一番の理由は、収入（フロー）が減るために、なるべく支出を抑え、貯蓄残高（ストック）を守ろうとするからです。また自分がいつ死ぬのかわからないので、貯蓄が減少することに猛烈な不安を覚える高齢者はたくさんいます。

今、日本経済を悩ませているのが、金融資産を中心とした資産が高齢者に偏在し、彼らが消費の担い手には登場しない、登場できない（する気もない）ために消費が一向に回復しないという問題です。一番消費をするはずの30歳代、40歳代の現役世代は、高騰するマンションなどの住宅購入のために多額のローンを抱え、平均世帯年収も90年代より2割も減少する中、とても消費に回す余裕がありません。ましてや現役世代の人口もどんどん減少しているため、国全体の消費額が上がるわけがない構造に陥っています。

高齢者が増えて相続発生が遅れる結果、何が起こるかと言えば、資産のスムースな移転が進まないということに尽きます。現在の平均寿命から考えると、相続する子供の平均年齢は50歳以降ということになります。すでに住宅などを取得し、子供の生活もある程度落ち着いている段階です。相続されたお金の多くは住宅ローンの残債返済に使われる程度となり、消費という意味での活用がなされません。また、相続した子供の老後資産として引き継がれ、貯蓄されたままになっていく運命にあります。

こうした「老老相続」の状況は、今後の日本ではますます常態化していくことが予想されます。国も対策に動き始めてはいます。早めの財産移転を促すべく、2013年度の法改正で、孫などへの教育資金贈与について一人につき1500万円までは非課税とする措置を導入しました。また子供や孫の住宅の新築、取得、増改築資金贈与としては、内容に応じて500万円から最大1000万円までの非課税枠を設け、子供や孫の結婚、子育て資金として一人につき最大1000万円までの贈与を非課税としています。

しかしこれらの非課税贈与は、「教育を受けろ」「家を買え」「結婚しろ」といった昭和・平成時代の家族の価値観に基づく条件付きのものばかりです。なぜか国はこうした固定観念でルール改正を考えがちですが、現代の価値観でいけば、子供や孫が自由にお金を使う、もっといえば日頃の生活費の足しでもよいし、起業をするための資金であってもよい、理由を問わずに積極的に贈与できる仕組みにしてもよいのではないかと思います。親にそうした自由裁量権があれば、子供や孫はもっと両親や祖父母に気を遣うようになるでしょうし、コミュニケーションも増えてくるでしょう。ただでさえ核家族化が進行し、祖父母のところに孫が遊びに来ることがイベント化している現代にあって、資産の共有化をすすめていくことは、家族の絆を強固にしていく手段にもなっていくことでしょう。

そうした意味では、金融庁が２０１９年に発表したレポートで、老後に必要な貯蓄として２０００万円が必要であるとしたことは、皮肉なことに高齢者の財布の紐をさらに締めてしまったのかもしれません。

現代は上場企業などでも、設備投資など新たな投資にお金を使わずに、内部留保ばかりして将来のリスクに備えるようになり、日本経済が活性化しない一因とも指摘されます。この状況は高齢者に金融資産が偏在していることと同じ発想ともいえます。日本の大企業は、以前はがんばった、その結果一定の資産を貯め込むことに成功しました。でもこれからの日本社会はどうやらあまり成長することはなさそうだ。だから新たにお金を使って消費（投資）することは控えておこう。これではいつまでたっても日本はよくなるわけがありません。

今こそ国は、健全な資産移転を戦略的に仕掛ける必要があるのではないでしょうか。これについては第６章でも改めて触れますが、ステレオタイプな家族像からの発想を捨てて、資産の共有化、フラット化を目指してほしいものです。

相続登記義務化がもたらす悪夢

２０２１年４月、不動産登記法が改正されました。実際に施行されるのは２０２４年４月１日からです。この改正はあまり広く報道された印象がありませんが、実は相続については大変大きな改正でした。背景となったのが所有者不明土地問題です。

所有者不明土地問題研究会の調査によれば、２０１６年時点において全国で所有者が不明である土地の面積は４１０万haに及び、これは九州全土の面積３６７万haを上回るものとなっています。さらに同研究会の推計によれば、何の対策も講じないまま推移すると、２０４０年にはその面積は７２０万haまで拡大し、国土面積の２割、北海道全土の面積に迫る規模に膨れ上がるとのことです。

こうした「名無しの権兵衛」の土地が増える要因の一つが、相続の際に相続人が、所有権移転登記を行わないことによるものです。相続で得た大切な財産である不動産を、多くの相続人が登記をしていない。そのために登記簿謄本を閲覧しても、現在の所有者が誰であるのか判然としないのです。なぜ登記を積極的に行わないのでしょうか。

まず登記とは、法律上では第三者対抗要件にすぎません。つまり、当該不動産の権利を主張する者が現れた場合、その者に対して、自分が所有をしていることを示して対抗することができるものです。

ただし、登記はこれまで義務ではなかったので、必ずしもされてこなかったのが実態です。大都市圏にあって不動産価値が高いものであれば、いざというときに備えて自分の権利を主張、対抗できるようにしておくことにはメリットを感じやすいのですが、たとえば親から先祖代々のものだからと言って引き継ぐ地方の山林、あまり買い手がいそうにないような不動産などは、敢えて登記をしておこうという動機付けがそもそもありませんでした。

さらに登記が進まない理由としては、登記した際には登録免許税という税金が課されるからです。税率は固定資産税評価額の０・４％。地方の土地でも面積が大きければ意外と金額は膨らみます。登記にあたっては手続きも複雑で、戸籍謄本や登記事項証明書、住民票などの必要書類を揃えなければならず、少なからず費用もかかります。登記手続きは自分でもできますが、司法書士などに依頼する場合は手数料を支払わなければなりません。そうした費用をかけてまで、自分の所有を表明する必要を感じない不動産では、登記が行われずにきたのです。

そのうち、相続が繰り返され、所有権がどんどん分散化、細分化され、最終的に誰がどのくらいの権利を持っているのか全容がつかめなくなってしまうのが、所有者不明土地問題なのです。道路を拡幅する、新設する際などの土地買収でも、当該土地を誰が持っているかわからず工事が進まない、土砂崩れなどの自然災害が発生し、修復工事、改良工事を行おうにも、真の所有者が不明なために関係者全員の同意が取れないなど、最近では所有者不明土地に纏わる様々な社会問題が勃発し、話題になっています。

　こうした実情を踏まえ、国は不動産相続に際しての登記の義務化に踏み切ったのです。２０２１年４月に不動産登記法が改正され、相続が発生した際には相続した土地建物について登記を行うことが義務となったのです。具体的には「相続開始および所有権を取得したと知った日から３年以内に登記する」こととされ、遺産分割協議が３年以上の長期に及んだ場合でも「遺産分割が成立した日から３年以内に登記する」とされました。適用は２０２４年４月１日以降の相続からです。

　義務化するということは、当然違反すると罰則が適用されるということです。どのような罰則かというと、10万円以下の過料が科せられるようになりました。また登記後も氏名や住所が変わった場合には、変更手続きも義務化され、従わなかった場合には５万円以下の過料となります。

今回の改正はこれだけにとどまりません。24年４月以前に相続した不動産についても相続登記が義務化されたのです。つまり、24年４月以降になると、以前に相続した土地や建物についても３年以内に相続登記を済まさなければならなくなりました。

かつて親から譲り受けていた実家や山林などの不動産についても、登記をしていないと法律違反に問われるというのですからこれは穏やかではありません。特に地方では、親子同士で、資産が自然に継承されてきた結果、いちいち登記を行っていない不動産が多数存在します。これらをすべて登記せよというのは、まるで豊臣秀吉が天下統一の際に行った太閤検地のようなものです。土地の所有者を明確にしていくためには絶対に必要な改正なのですが、社会的な負担は膨大なものがあります。

ただ、若干の規制緩和もありました。これまでは相続登記の際は、当該不動産を相続するすべての相続人の同意が必要でした。きょうだいで相続していて、そのうちの誰かがすでに亡くなっているようなケースもあるでしょう。その場合は亡くなった人の相続人に権利は移っているはずです。今となってはなかなか連絡がつかないということもあります。そこで今回の改正では、自らがすすんで単独で自分の持ち分について登記できるようにして、登記しやすい環境づくりに配慮するようになりました。

しかし、24年4月以降のこの改正は、登記実務を担当する司法書士などには商売繁盛の特需といえましょうが、すでに相続を受けた人たちにも対象を広げ、登記を義務化するのは、3年という期限も含めてかなり乱暴な措置ともいえるでしょう。

特に相続した不動産で代々ちゃんと登記が行われてきていないものだと、登記をする際に過去の所有者の戸籍などをずっと追いかけていかなければなりません。たとえば戦後まもなくの相続発生以降、登記されていないような不動産の存在です。実際に私自身、都内であるビジネスホテルの企画立案を行っていた際、計画地の隣地にお宮があり、この区画も一緒に開発できればとても良い計画になるので、所有者にアプローチを試みたことがあります。ところが当該土地の謄本を調べてびっくり。所有者は昭和27年に登記された女性名。記載された本人の住所は今では表記が変わった昔の町名。こうなるともはや司法書士などの専門家に頼んで相当の時間をかけて調査していかなければならず、それ以上の探索はあきらめました。

国は、一定の条件下であれば、期限内に登記できなくとも延長するなどの措置を施してはいますが、人によっては全く悪夢のような作業を要求される改正が24年4月から始まります。

自分が相続させようと思っている不動産、あるいは自分が相続できるはずの不動産、一度登記簿謄本に目を通しておいたほうがよさそうです。

都市農地の相続で路頭に迷う深刻な事情

首都圏などの都市部で今後相続が激増することについては先述しました。都市部には住宅が多いことから、相続財産における不動産については家のことばかりを考えがちですが、今後は相続したら意外に厄介な不動産となる可能性が高いのが、都市部の郊外にある所謂都市農地の存在です。

　都市部にある農地は、都市部へ人が集中し、市街化がすすむにつれ宅地化されていきました。しかしいっぽうで、都市部にあっても一定の緑地があることは、良好な都市環境を維持するためには大切なことです。また都市郊外で生産される野菜、果物などは消費地に近いために、より鮮度が保たれた状態で消費者の手元に届くという利点があります。

　ここで問題となるのが税金です。都市部の多くの土地は、政策的には市街化を進める目的で市街化区域に指定されています。そのために通常であれば、土地の利用形態が農地であったとしても、宅地並みに固定資産税や都市計画税が課税されなければなりません。しかし、宅地と同程度の課税を受けてしまうと、面積の広い土地を必要とする農地では、農業を行うことは不可能です。そこで、一部の自治体では農業を続けるために、一定の条件のもとに、市街化区域内であっても土地に課せられる固定資産税などの水準を農地並みに引き下げることを認めており、認められた土地を生産緑地と名付けています。

１９９２年に実施された生産緑地法改正では、この制度の適用を受けるためにいくつかの要件が設定されました。都市農地を持ち、農業を行っている人に対して、税金を軽減する見返りに、いったん生産緑地に登録した暁には、その土地において農業を30年間にわたって継続しなければならないという、営農義務が設けられたのです。

こうした制度が設けられた当時の背景としては、平成バブルによる土地の高騰で地価が上がり、固定資産税負担が増す都市農家を守るためということと、郊外部における乱開発の抑制という目的がありました。登録を行うと30年間は農地となることから、不動産業者からみれば、土地が30年間にわたって塩漬け状態になってしまうことになりました。当時、私は大手デベロッパーに在籍していて、ＪＲ中央線沿線に広大な畑や田を所有する地主さんに、土地を有効活用してマンションやアパート、ビルなどを開発、建設する提案を行っていました。ところがこの改正で地主さんたちが続々と自分たちの畑や田を生産緑地に登録してしまうのを、指をくわえて見つめるだけという悔しい思いをしたことをいまだによく覚えています。

実際に現在でも生産緑地にはかなり多くの都市農地が登録されていて、２０２１年時点で全国約5万8千地区、1万2千haが登録されています。

この生産緑地について最近問題となったのが、登録されて固定資産税の減免を受けている農地のうち、約8割相当が、２０２２年に登録期限30年満了を迎えるという、生産緑地２０２２年問題です。これまでの制度では期限を迎えると、生産緑地の所有者は以降、宅地として通常通りの課税を受けるか、売却しなければならないことになります。さらに売却する場合は市町村長への買い取りも請求できるため、役所に買い取り請求が殺到する、また宅地として一斉に売却されると、大都市郊外部の地価が暴落するとの憶測が飛び交ったのです。

ほとんどの市町村にはそれだけの農地の買い取りに応じる財政余力があるはずがなく、その結果として郊外部の土地が暴落することを避けたい国は、２０１８年4月に、あらたに特定生産緑地制度を設定。対象となる農地について特定生産緑地に登録すれば、さらに10年延長でき、その後も10年毎に延長できる仕組みに改正しました。

この制度改正でこの問題は解決した、と多くの関係者が胸をなでおろしました。実際にある調査会社によれば、この改正で対象となる農地の所有者の多くが、10年の延長を選択して特定生産緑地への登録を行うとのアンケート調査結果も得られ、この安堵を裏付けるものといわれました。

しかし、この安堵の裏側には、所有者たちの間にこれから頻発する相続の問題が抜け落ちています。都市農地の所有者の多くが高齢化しています。それもそのはずです。私がJR中央線沿線で農地所有者にあれこれ提案していた時、相手の年齢は50歳代から60歳代でした。あれから30年もたてば、そろそろお亡くなりになったり、入院や福祉施設などに入所をしていてもおかしくない年齢になっているはずです。

まだ元気に農業を続けている人であれば、いきなり22年で農業をやめるとは言い出さないでしょう。相続が発生するまでとりあえず、特定生産緑地に登録をしておく、というごく当たり前のアンケート結果だとも考えられます。

いっぽうで彼らの息子、娘はどうかといえば、そのほとんどがサラリーマンになっていて、農業を継ぐ意思のある人は極めて稀です。

生産緑地制度が改正された92年には１万５１０９haが登録されていた都市農地も、

２０１９年までの期間に約2割にあたる２９００haが減少しています。これらの多くが相続の発生等によって、生産緑地を継続せずに宅地化の道を選んだものであることは容易に想像されます。

生産緑地を相続することは、この農地をどうするかの決断を迫られることになります。つまり、親の遺志を継いで農業を行うか、生産緑地を解除して宅地として売却する、あるいは活用するかの選択となります。

農業を続ける場合には、相続手続きを行って所有権移転登記をしたうえで、地元の農業委員会に届け出て生産緑地を継続します。その際、相続税は一定の要件を満たしていれば、納税猶予の措置が受けられます。具体的には通常宅地としての評価額と農業投資価格との差額分についての納税が猶予されるというものです。農業投資価格とは、当該土地を恒久的に農業用として利用する場合に、通常取引で成立する価格のことを言います。この額はかなり低い価格となりますので、相続税の負担は生産緑地を解除するまでは猶予されることになります。しかし、ほとんど農作業を行ってこなかった相続人である息子や娘に、今更農業をやることができるでしょうか。特に日本人の多くが長生きになったため、80歳代後半から90歳くらいで亡くなり相続が発生した場合、子供はすでに60歳を超えているケースも少なくありません。もはや体力的にも農業を継続するのはしんどいはずです。継いだところでもう間もなく自身の相続まで心配しなくてはならなくなります。なかなか厳しい話なのではないでしょうか。

ならば生産緑地を解除して売却しよう、という選択をしがちです。しかし生産緑地に登録されている農地の場合は、まず土地のある市町村に買い取りを申請できると言いましたが、買い取ってくれるような余裕のある自治体はほとんどありません。市町村に買ってもらえない土地は、宅地として扱うことになります。そこに襲い掛かってくるのが膨大な額の相続税です。

農地は通常の宅地と異なり面積が広大になりますので、相続税を支払うだけのキャッシュを持っている相続人は稀です。あわてて売却しようにも、すべてがうまく売れるとは限りません。宅地として価値が出るような、道路付け、土地の奥行き、駅からの利便性、容積率（敷地面積に対して建設できる建物面積の割合）などの都市計画における一定の条件を満たさないと、なかなかマーケットで右から左に売れることはないのです。売却できないと相続税の支払いにも苦労することになります。

生産緑地に登録されている都市農地、実は意外と厄介者といった理由はここにあります。

早めに有効活用などの対策を練っておく必要があるのです。親が喜んで農業をやっているから温かい目でみよう、などと悠長なことを言っている場合ではありません。迫りくるXデーに備えていなければ、今後大量に発生する相続ラッシュの世の中で立ち往生することになるのです。

税がかからなくとも悩ましい相続

相続問題は、これまでは資産家が亡くなり、その相続をめぐって親族が壮絶な争いを繰り広げるといったストーリーがドラマや映画の定番でした。また、多額の相続税を回避しようと、様々な対策を立てる相続税対策物語は、不動産屋や金融機関、税理士が中心となって組み立てられるもので、どこか別世界の話でした。

つまり多くの人たちにとって「自分ごと」としての相続というイベントは、いつか必ず訪れるものである反面、起きたら仕方がないし、まさか相続税なんてかからないだろうし、それほどたいしたことではない、と何となく先送りにして考える程度のものだったのではないでしょうか。

戦後77年が経過した現在、世代的には戦中世代の退場が続き、これからは一番の人口ボリュームを誇る団塊世代の相続が始まります。そしてこの世代になると、一般庶民でもある程度の資産を持つようになっています。日本人が豊かになっていく姿を実現した世代だからです。彼らは戦後の経済成長の中で家という資産を持ち、終身雇用を前提とした会社勤務を続けたことによって多少の退職金を得ることができ、毎日の生活に困ることのない程度の年金を手にしてきたために、彼らの親世代よりもはるかに豊かな資産を持つ人が多く出現しています。

　そして彼らが手にした資産は、やがて次の世代へと継承されていきます。相続はこの「家族」という土台を前提として、「家族」という系譜に乗って資産が受け継がれていくのです。そして資産の代表的なものが、現金と家をはじめとする不動産です。

　しかし世代が違えば、世の中に対する価値観も変わります。戦後三世代が経過していく中で、祖父母世代、父母世代、そして子供世代で生活スタイルはずいぶん変わってきています。人々の価値観が変われば、当然不動産に対する価値観も変わってきます。両親が一生懸命に働いて建てた都市郊外の一軒家は、子供世代にとっては見向きもしないほど価値の感じられないものになっています。地方の親の実家も、先祖代々の家だからとか、近所の目がうるさいだとかの理由で売らずに相続していかなければならない、と漠然と考えている人がいますが、実際には使われないまま空き家化し、その管理や処分で悩む人たちが続出しています。そしてこうした、実は今となっては「あまりほしくない」資産を、あまり考えもせずに相続してしまうと、そこには多大なリスクが含まれていることに、まだ多くの人が気付いていないのです。

さらには今後、ミレニアル世代（１９８０年～１９９５年生まれ）やＺ世代（１９９６年～２０１０年代前半生まれ）の時代になると、不動産を所有することにあまり価値を見出すことなく、シェアリングしていけばよいと考えるようにもなっていくでしょう。

相続が家族の系譜という線上で受け継がれていくという考え方が変わらない限り、今私たちが気を付けるべきことは、いらない資産は何かということです。現金が欲しいという人はたくさんいるでしょう。ここまでは簡単です。しかし、親が建てた家や先祖代々の実家、古びた別荘、老朽化したマンションといった不動産はどうでしょうか。これらの資産もすべて「家族」という脈々と続く系譜の中で継承されていくものなのです。

戦後まもなくから高度経済成長期にかけて、地方では親の家は長男が継ぎ、長女や次男たちは東京や大阪の大都市にやってきて、専業主婦やサラリーマンとなって新たに家を構えました。そして地方の実家に戻ることはなくなりました。また地方に残った長男の家で育った子供も親の仕事を継承せずに都会に出てきて就職を始めました。現代では男も女も都会に出て、その多くが会社組織に属して働き、都市部で新たに家を構えています。

地方の家の価値は下がり続け、残念なことに、大都市に出てきて一生懸命働いて建てた郊外の一軒家も、彼らの子供は見向きもせず、老朽化したマンションに住むつもりもない。これが現在、相続を取りまく家族絵図なのです。

これから起こる相続の多くはかなり悩ましいものとなります。変な不動産をつかむと、その管理や処分で苦労することになるからです。親や祖父母の時代では思ってもみなかった価値観の変化が、これからの相続では起こってきます。

そして次章でお話しするのは、相続対策が子供を苦しめることになる不動産問題についてです。

第2章　相続対策が不動産問題を生む

少子高齢化の日本で貸家が増える不思議

２０１０年頃を境に日本の人口は減少に転じました。20年時点で約１億２６００万人です。働き手の主体となる15歳から64歳の生産年齢人口は７５０９万人。その割合は60％程度です。10年後の２０３０年はどうなるでしょうか。国立社会保障・人口問題研究所の推計によれば、人口は１億１６００万人、生産年齢人口は６７００万人になります。

世の中の中心を占める働き手の人口がどんどん減っていくことを前提とすれば、住宅需要は次第に萎んでいくと考えられます。ところが日本では、新築の住宅着工戸数はここ10年間毎年、80万戸台から90万戸を保ち続けています。そしてそのうち４割近くを貸家が占めています。貸家とはアパートや賃貸マンション、戸建て賃貸を指しますが、特に活発なのがアパート建築です。

アパートと言えば、若い学生や結婚前の独身者が住むというのが常識でしたが、最近では高齢者の利用も増えつつあります。しかし数が増えている高齢者ですが、高齢になると定収入がなく、賃料の支払いに不安が残ります。また高齢単身者だと、健康を害して孤独死するリスクもあり、オーナー側は貸したがりません。

図７　貸家着工戸数推移と住宅着工数に占める割合

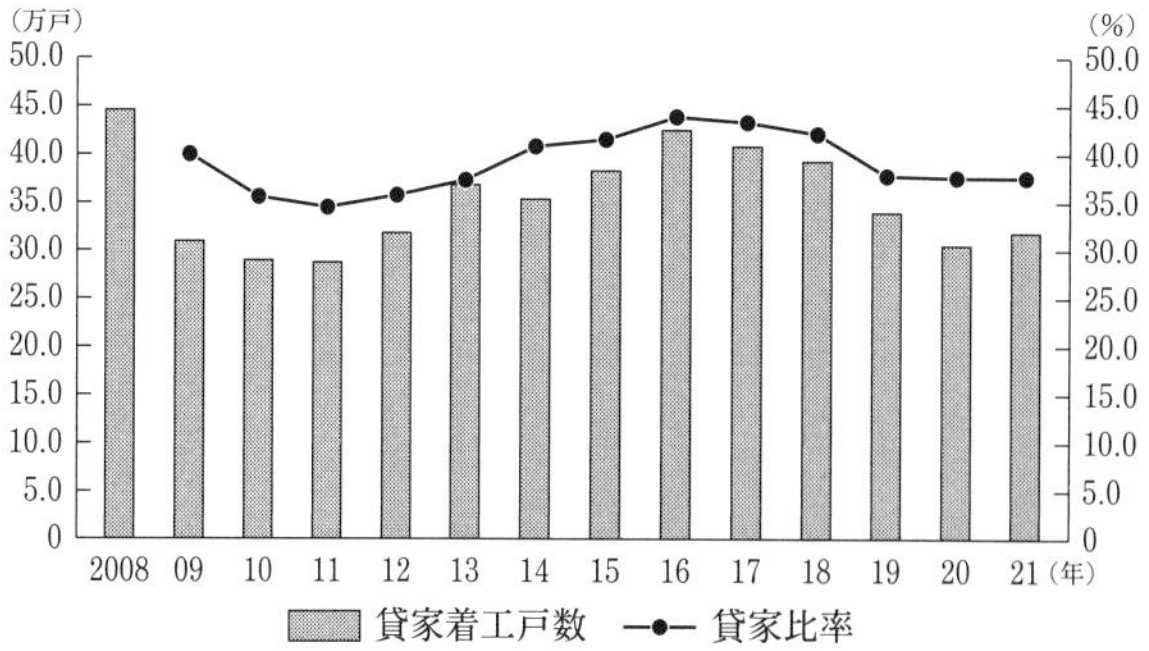

出所：国土交通省

需要が明らかに減少していくのに貸家建設が進むのは、それだけ貸家を建てたい人がいるからです。実は、建てたい理由は相続税対策なのです。

現金で持っていると、相続時にはそのままの額が課税対象となります。しかし、これを不動産に換えておけば、土地は路線価評価額、建物は固定資産税評価額で評価されますので、現金のままで課税されるよりも評価額は低くなります。富裕層にとっては都合の良い相続税対策となります。

また、貸家はテナントが入れば、賃料収入が得られます。賃料収入が順調であれば現金収入が増えていきます。子供や孫に相続すれば、彼らにとっての定期収入になるわけです。

貸家の運営で最も大切なのが、テナントがちゃんと集められるかです。でもそこは貸家建設にあたって、これを提案してくるアパート業者や賃貸マンション事業者に任せれば、彼らがテナントを集め、日々のクレームなどの処理をしてくれ、また建物自体のメンテナンスも請け負ってくれます。賃貸管理に精通していなくてもお任せでよいわけです。

さらに業者によっては、賃料保証をしてくれるので、たとえマーケットが悪化してテナントの入りが悪くなっても、収入は保証されるので安心というわけです。

そんなこんなで続々建設される貸家ですが、本当に大丈夫なのでしょうか。

現在日本国内では８４８万戸（２０１８年）もの空き家があると言われています。メディアなどで取り上げるのは、朽ち果てて倒壊しそうな家、ゴミ屋敷となって周囲に悪影響を与えている家などですが、実際には８４８万戸のうち、賃貸用の空き家が４３２万戸となんと半分超を占めています。

ＨＯＭＥ'Ｓの賃貸住宅空室率データ（22年９月）をみると首都圏では、東京14・５％、神奈川16・１％、埼玉18・４％、千葉20・５％と意外に高いことがわかります。さらに茨城27・５％、栃木24・４％、群馬25・０％と周辺にいくほど空室率は深刻な値を示しています。首都圏は人口が最も集中するエリアではあるものの、すでにマーケットでは大量の空室が発生する状況に陥っているのです。

それでも貸家建設はいまだに旺盛です。次々と新製品が出てくるようなマーケットですから、これを借りる側も目が肥えてきます。昭和・平成であればあたりまえだった3点式ユニットバス（バス、トイレ、洗面台が一体のもの）は、最近では見向きもされません。居住スペースも、四畳半一間などといっていたのは、かぐや姫が「神田川」を歌った昭和世代の話。今や面積30㎡以上、バス、トイレ別は最低条件といってよいでしょう。

これだけ新規物件が登場すれば、既存の物件、築年が20年を超えるようなものになると、とたんに競争力が衰えます。建設当初は最新鋭の貸家でも、立地などによほど恵まれていないと、移り変わるマーケットの中で埋没し、大量の空室を抱える事態になる、これが貸家の現在地なのです。

背後に横たわるのが相続に対する恐怖心です。とにかく一族に財産を承継すべく、なるべく税金は払わず、有利な条件で引き継ぎたい。この思いが貸家マーケットを歪んだものにしているのです。

アパート投資による相続対策が続くわけ

貸家の建設が止まらないのは、相続税対策需要があるからだと言いました。ではアパート投資を行うとどのような節税メリットがあるのか、具体例を使って考えてみましょう。

Ａさんご一家のケースを考えます。Ａさんは都内に住む85歳の女性。夫はすでに亡くなり、現在は2人の子供のうちの長女の家で穏やかな生活をされています。現金は３０００万円、生命保険で２４００万円の資産があります。さらに相続財産評価額で1億円になる不動産（更地・敷地面積４００㎡）を所有しています。

お元気なＡさんもそろそろ相続の心配を、ということで評価額の高い都内近郊にご所有の不動産を使って対策を行うことにしました。

税理士によれば、Ａさんが仮に今、お亡くなりになった場合、相続財産評価額の内訳は次のようになります。

現金＝３０００万円
不動産（更地）＝1億円（評価額）
生命保険＝１４００万円（生命保険非課税額５００万円×法定相続人数を考慮）
葬儀費用＝２００万円（想定）

この場合、相続税課税価格は現金、不動産（評価額）および生命保険を足したものから、葬儀費用などを差し引いた、

１億４４００万円－２００万円＝１億４２００万円

となります。法定相続人は子供２人になりますから、基礎控除額は次のように計算されます。

【基礎控除額】３０００万円＋６００万円×２人＝４２００万円

基礎控除額は２０１５年の改正前であれば、７０００万円（５０００万円＋１０００万円×２人）でしたが、改正によってなんと２８００万円も減額されていることになります。

基礎控除額を差し引いた課税遺産総額は１億円です。

相続人の法定相続分は２分の１ずつとなるため、各相続人の課税総額は５０００万円です。

実際の納税額は、相続税早見表（表２）を参照すると、７７０万円になります。

基礎控除額改正前であれば、相続税は３００万円台だったものが、倍以上の負担となっ

表 2　相続税早見表　子どもだけの場合（2 次相続）

相続人／相続額	 子ども 1 人	 子ども 2 人	 子ども 3 人	 子ども 4 人
4,000 万円	40 万円	–	–	–
5,000 万円	160 万円	80 万円	20 万円	–
6,000 万円	310 万円	180 万円	120 万円	60 万円
7,000 万円	480 万円	320 万円	220 万円	160 万円
8,000 万円	680 万円	470 万円	330 万円	260 万円
9,000 万円	920 万円	620 万円	480 万円	360 万円
1 億円	1,220 万円	770 万円	630 万円	490 万円
1 億 5,000 万円	2,860 万円	1,840 万円	1,440 万円	1,240 万円
2 億円	4,860 万円	3,340 万円	2,460 万円	2,120 万円
2 億 5,000 万円	6,930 万円	4,920 万円	3,960 万円	3,120 万円
3 億円	9,180 万円	6,920 万円	5,460 万円	4,580 万円
3 億 5,000 万円	1 億 1,500 万円	8,920 万円	6,980 万円	6,080 万円
4 億円	1 億 4,000 万円	1 億 920 万円	8,980 万円	7,580 万円
4 億 5,000 万円	1 億 6,500 万円	1 億 2,960 万円	1 億 980 万円	9,080 万円
5 億円	1 億 9,000 万円	1 億 5,210 万円	1 億 2,980 万円	1 億 1,040 万円

相続財産が多いほど税額アップ

相続人が多いほど税額ダウン

出所：相続サポートセンター HP

ています。一説によると、この改正により東京都内で、新たに相続税の課税対象となる世帯は2倍になるとの見方もあります。相続税なんて他人事と思っていた人々も、二次相続の問題は意外と重荷となってのしかかってくる時代になったのです。

そこで、アパート建設をして相続税対策を行うことになりました。

Ａさんの持つ、相続財産評価額１億円の土地上に７０００万円をかけてアパートを建築します。建築費は７０００万円ですが、相続における建物評価は３０００万円程度になります。ただ、７０００万円ものお金はありませんし、相続対策としての節税効果を高めるために、全額を借入金で賄うことにします。

まずアパートを建設することで、従来は１億円だった土地の評価を引き下げることができます。土地の上に賃貸資産を建設すると「貸家建付地」としての評価になるからです。これは従来の路線価に基づいた評価額から、借地権割合と借家権割合を乗じたものを控除できるというものです。具体的には、この土地の借地権割合は60％、借家権割合は30％ですから、

１億円×（１－60％×30％）＝８２００万円

となります。さらに土地（４００㎡）のうち、２００㎡までについては事業用小規模宅

地の評価減を利用して50％減額できることから、

８２００万円×½×50％＋８２００万円×½＝６１５０万円となります。

建物については、借家権割合分の減額が認められるので、

３０００万円×（１－30％）＝２１００万円

になります。

土地と建物を合計した相続税評価額は８２５０万円（６１５０万円＋２１００万円）ということになりますが、この評価額から借入金である７０００万円を差し引くことが可能となるので、アパート建設によって相続税評価額は１２５０万円に圧縮できることになります。

この結果、現金と生命保険を合わせた評価額は５６５０万円になり、葬儀費用を差し引き、基礎控除額を控除すれば相続税計算のベースとなる額は１２５０万円となり、アパート建設前の不動産評価額１億円の場合に比べて、税額は大幅に圧縮できます。この理屈が、アパート投資が「相続税対策」になるということなのです。

アパートを建てれば、賃貸資産にもなって、子や孫が賃貸収入を得られる。らくらくアパート大家さん業というわけです。こうしたアドバイスを税理士や金融機関、アパート業

者などがチームとなって営業することが貸家建設を支えているのです。

タワマンが相続対策になる理由

タワマンは業界として特に定義はされていないのですが、一般的には、20階建て以上のマンションを指すことが多いようです。

不動産経済研究所の調査によれば、首都圏（1都3県）に２０２０年時点で９２５棟、26万７５０８戸のタワマンが存在します。また２０２１年以降に日本全国で建設が計画されているタワマンは、現在わかっているだけで２８０棟10万９９０８戸あり、そのうち首都圏で１７３棟8万１８２５戸にものぼります。

こんなに多く存在し、これからも数多くの供給が予定されているタワマンですが、実際に販売するとよく売れているようです。販売価格はエリアにもよりますが、湾岸部にある中央区月島や勝どき、江東区の豊洲などのタワマンは、条件のよい新築物件だと坪５００万円台を付けています。20坪（66㎡）で1億円です。中古価格も高騰を続けていて、タワマンを買った人の中には相当の含み益を実現した人も出現しています。

テレビドラマでも演出されているように、タワマンは比較的若いエリートサラリーマンやパワーカップル、富裕層が住むマンションとして描かれることが多いのですが、実際の購入者のプロフィールを覗くと、国内外の投資家や高齢富裕層です。

　理由は簡単で、タワマン購入は相続対策として有効であるからです。これまでも何度か触れてきたように、相続の際に所有している不動産は、土地部分については路線価評価、建物については固定資産税評価によって相続税評価額が決まります。現金でもっていれば額面通りの査定になってしまいますが、不動産での評価は時価よりもだいぶ安く評価されるのが、不動産が相続税対策として有効であると言われる理由です。

　その中でもタワマンの節税効果がとりわけ高いのは、タワマンの時価と相続税評価額との乖離が大きい、つまり資産評価額の圧縮効果が高いことによるものです。

　東京湾岸部のタワマンを例に考えてみましょう。

【事例】東京湾岸エリアのタワマンイメージ
土地面積：４０００坪、建物延床面積：３万６０００坪、住戸戸数：１０００戸
戸当たり持ち分：土地４坪、建物36坪（共用部除き専有27坪）
販売価格：１億３５００万円（土地１億円、建物３５００万円）

販売専有坪単価：５０００万円
土地路線価：４００万円／坪

　このマンションの建つ土地の路線価は坪当たり４００万円であるのに対し、購入価格に占める土地代は坪当たりで２５００万円（１億円÷４坪）になります。つまり相続税評価上では、坪当たり２１００万円分も評価を圧縮しています。建物については固定資産税評価額ベースとなり、築年の経過により減価していきますが、相続時評価額は販売価格の７割程度（２４５０万円）で評価されます。土地建物あわせても相続税評価額は４０００万円程度（土地１６００万円、建物２４５０万円程度）となります。１億３５００万円を現金で持っていれば、額面通りの評価となりますが、全体として９５００万円程度、評価額の圧縮ができることになります。

　さらにこのマンションを借入金で買えば、借入金額分を評価額から控除できます。たとえば自己資金を２０００万円、残り１億１５００万円をローンで賄えば、ローン額を評価額から差し引くことができます。他の現金や有価証券の評価もこのマイナス額を使って圧縮できるので、節税効果は極めて高いことになります。アパートに比べても節税効果は絶大です。

なぜタワマンが節税で効果が高いかといえば、土地の容積率が高く、戸当たりの土地の持ち分が少ないため、路線価評価額との乖離が大きくなりやすいからです。また高層部ほど高い価格設定で売れるので、同じ住戸面積でも高層部ほど土地代の割合が高く設定でき、圧縮効果が高まります。高層部の住戸に人気が集中するのは、景色が良いだけでなく、節税効果が高いというのが理由なのです。

この対策方法については、一部の不動産関係者が書籍まで出して大宣伝をしてしまったために、税務当局の関心をひくところとなり、タワマンの土地建物を一律で相続税評価せずに、建物の階層によって差をつける対策を施されてしまい、以前ほどの高い節税効果は期待できなくなりました。また、２０２２年12月16日公表の「２０２３年度税制改正大綱」では、タワマン購入などによる節税に対して相続税評価の方法を改めるなどの方向性も打ち出されています。しかしながらこうした動機がタワマン人気につながっていることは間違いないのです。

需要のなくなる相続後のアパートを待つ未来

先程述べましたが、首都圏の貸家の空室率が意外と高い水準であることに驚かれた読者も多いかと思います。相続対策という目の前に迫ったニーズを満たすためだけに、業者や金融機関、税理士などの勧めにしたがって、多額のローンを組んでアパートや賃貸マンションを建設してしまった結果、待ち受けるのはどんな未来なのでしょうか。

２０１８年4月、大手賃貸アパート業者レオパレス21が引き起こした施工不良問題は世間の耳目を集めた事件でした。小屋裏の界壁と呼ばれる、火災などの際に延焼を防ぐ目的で設置される仕切り壁が施工されていない、大臣認定不適合な外壁材を使用する、耐火性能を満たさない天井など、悪質な施工が次々に発覚しました。アパート施工に関しては首尾一貫してアパート業者が行い、施工状態を専門的な立場から検証する機能が十分に働かなかったために、長期にわたって施工不良の物件が大量に出回ってしまうことになりました。

また、アパート業者の多くが実施している賃料保証サービスでも、トラブルが多発しています。アパートオーナーと業者の間では、通常では期間20年程度の建物賃貸借契約を結びます。その中で、賃料保証を謳うものが多いのですが、問題はその中身です。当初の10年程度はたとえテナントが十分に集まらなくとも、業者は一定の賃料は必ず支払う旨の保証を行っています。だからオーナーは安心というわけです。

ところが問題は、その後の期間は、業者側の指示で一定のリニューアルをオーナー側が行うことが条件になっているものが多いのです。外壁塗装や、空調設備や衛生設備の更新など多額の費用負担を求められます。しかもこのリニューアルの施工についても業者側に一任する内容で、オーナー側に選択の自由はありません。そしてもし業者側が満足する工事が行われなければ、以降の保証は解除する内容になっているのです。

この時点になると、すでにアパートを建設したオーナーは亡くなり、相続人が受け継いでいる例も多いです。相続するにあたって親と業者との間で取り交わされた契約内容を細かくチェックしていることは稀で、相続対策で受け取ったアパートを、いきなりリニューアルせよ、しないと今後賃料の保証はしない、などと迫られ途方に暮れることになります。

親がつきあっていて「いい人だよ」などと言っていたアパート業者の元気で明るい営業マンは、すでに担当を外れて連絡がつかず、建設するにあたって多額のローンを組んでくれた銀行員はすでに転勤してお店にはいない。そして進めてくれた地元税理士も、すでに相続は終了しているので、

「いやいや、私は不動産のことについては門外漢でして」

などと言って逃げ回ります。

はじめのうちは瀟洒なアパートで人目をひき、テナントも順調に埋まっていたものが、築10年以上が経過すると、周囲にも似たようなアパートが林立。しかも最新鋭アパートで部屋も広く内装もきれい。自分のところにいたテナントも近所の新築アパートに移っています。リニューアルを拒むと、業者は手のひらを返したように自分のアパートのテナントに声掛けして、近所で自社が新築したアパートに引っこ抜きをはじめます。

こうした仁義なき戦いが繰り広げられるのが、アパート相続に待ち受ける未来なのです。都市郊外を歩くと、あるエリアに集中してたくさんのアパートがひしめいている光景に出くわします。多くが都市農家などで、農地を宅地化し、相続対策を目的としてアパート建設を行ったものです。ただ、中には空室が目立つものもあり、明らかに供給過剰であることがわかります。

なぜこんな事態になるかと言えば、目の前の節税対策だけが目的化して、できあがったアパートが将来にわたって安定した収益が確保できるかのマーケティングが抜け落ちているからなのです。どんな商品あるいはサービスでも、自分の欲望や目算だけでいくら供給したところで、これを利用する需要がなければ、マーケットは成立しません。

ところがどうしたことか、相続対策という魔法にかけられて多くの地主たちが、よく考えもせずにアパート投資に手を出してしまいます。

その結果、たしかに自分が亡くなって相続人である子供に課せられる税金は安くなり、アパートを含めた資産が無事に相続されることになりましたが、これで本当に子供は幸せになれるのでしょうか。賃貸経営は、建物が経年劣化していくほどに難しくなると言われます。アパート経営の極意など学ぶ機会すらなかった子供たちが、いきなり親の残していったアパートに悩む日々が来るなど、亡くなった親はおそらく思いもよらない出来事なのでしょう。

世の中そうはうまくことは運ばないのです。そしてさらに相続人である子供たちに襲い掛かるのが、金融機関から借りたローンの存在なのです。

相続後に襲いかかるローン返済地獄

アパートでもタワマンでも、不動産を利用した相続対策には絶大な効果があります。税金は国のため、自治体のためちゃんと納めるべきものですが、なるべくなら少額で済ませたいと思うのも人情です。

しかし、対策を講じるにあたって気を付けなければならないのがローンです。ローンとは、自己資金で全額を賄うことが難しくとも、資金を借り入れることで、早めに資産を手に入れ、目的達成をするためのものです。

住宅ローンに人気があるのは、現状ではとても買うことができない住宅をわずかな自己資金で手に入れ、これを20年や30年といった超長期でゆっくり返済できるところにあります。住宅ローンの返済原資は借手が毎月もらう給与が基準となっています。借入期間中に収入が増えるだろう、物件価値が上がっているだろうなどの前提でローンを借り、中途での繰り上げ返済なども駆使しながらなるべく早期に返済できれば、住宅が自分の資産になります。

では相続対策におけるローンの効能は何でしょうか。もちろん多額の資金を必要とするアパート建設やタワマン購入資金を賄うためのものであるのに加えて、ローン＝負債を「あえて」利用することで、相続税評価額を低め、節税効果を高めようという目的があります。

いっぽうで何事においてもそうですが、無理は禁物です。住宅ローンでも生活のために必要な資金に食い込むような返済計画を立ててはだめですし、将来リスク（給与が減る、職を失う、会社が倒産するなど）も十分に勘案して、返済できる範囲で調達をすべきです。決して購入した住宅の価値がどんどん右肩上がりで値上がりしていくことだけを前提に計画を組むべきではありません。

相続対策において調達したローンは相続税評価額を減額する、その結果、税金が節約できることはたしかですが、これを引き継ぐ相続人、子供たちがローンを返済することができるかについてもっと慎重に考えるべきです。

ローンはなるべく多く調達したほうが節税効果は出ます。しかし、ローンの返済原資はアパートを借りて賃料を支払ってくれるテナントです。中長期にわたって、少なくともローンの返済期間中は安定したキャッシュフローを生み出してくれる賃貸経営が実現できるかにかかっているのです。

ところがこの段になると、オーナー側の判断も怪しくなります。アパート業者の営業マンが何となく信頼できそうだっただとか、大手の業者が保証してくれるのだから問題ないだとか、銀行は喜んでローンを組んだのだから大丈夫だ、などと賃貸経営の本質とはあまり関係のないところに重きを置いた自己判断で、投資を決断している人が多くいます。

投資は一部の詐欺行為を除けばすべて自己責任です。相続対策の場合、これを企図したのは親、そしてこれを引き継ぎ、ローンを返済していくのは多くの場合、相続人である子供となります。自分だけで解決できない未来を子供に託すことについて、慎重であれということです。

ここで問題となるのが、アパートの賞味期限です。賃貸アパートでは新築当初が最も賃料が高いと言われます。その後、時間の経過とともに賃料は安くなり、近隣に新しく建設された競合物件にテナントを奪われたりするようになります。よほど良い立地でない限り、アパートは新築時を頂点としてその後の競争力の低下は早いのです。

いっぽうでローンの返済は待ったなしです。テナントからの賃料が入ろうが入るまいが、返済には関係ありません。当初の収支計画でも、最初に想定した賃料水準どおりに推移する、空室率は常時ほとんどない、などといった空想、妄想に近い内容で決裁していることが多く、アパートにおける将来リスクを十分に評価しているケースは稀です。

なぜそんなことになるのでしょうか。これはもう金融機関の性《さが》としかいいようがありません。ローンを組み立てたときの銀行員はとにかく目の前にあるノルマを達成したい思いでいっぱいです。相続対策目的のアパート建設は多額のローンを組みやすいので、担当者にとっては実績を上げる大きなチャンスです。アパート業者も物件獲得ノルマを果たしたいので、アパート経営の夢ばかりを語って、肝心の運用リスクに対する説明は疎かになりがちです。それをよいことにバラ色の収支計画を作る。そしていざというときのために土地および新築されるアパートを担保に取っておけば転ぶことはなかろう、くらいで決裁してしまいます。ましてや銀行員はたいてい3、4年程度で違う店に転勤になるはずだから、あとは知らない、になりがちなのです。

何度も言いますが、一番困るのは、相続人である子供たちです。何せ当時、親の周りでさんざんにアパート投資を喧伝した関係者は今やどこにもいません。膨大な額のローンが残り、テナントがきちんと入居している、アパート業者がしっかり保証している間はまだしも、いきなり多額のリニューアル資金を出せだの、できなければ今後は保証しないだの、脅しを受けるようになると、大海に放り出された小舟のような気分になるでしょう。

そもそも商品寿命の短いアパートに長期で多額のローンを組むのは考えものです。多少節税効果が下がっても、適正範囲でのローンを組むようにしないと、相続税対策をしたはずの親が、実はその対策のせいで子供が苦しむ、路頭に迷うといった不幸を作り出していくことになるのです。

「売ってなんぼ」の相続対策の罠

節税であっても純粋な投資であっても、不動産はいざというときに売ってしまえばゼニになるから価値がある、とは昔から言われてきたことです。これはもはや日本人のＤＮＡと考えたほうが良いような神話です。

人口が爆発的に伸びたのが戦後から平成初期にかけてです。特に１９４５年から70年の四半世紀に、日本の人口は７２００万人から１億人に44％もの高い伸びを示しました。わずか25年の間に人口が44％も増えるなどという事態になった国は世界史上、日本だけです。71年から95年までの四半世紀において、人口はさらに１億２０００万人と20％の増加を遂げました。またこの間日本人は地方から都市部へ、そして都市の中でもさらに都心部へと人口を集中させてきました。

その間、人々の移動に伴う形で住宅は常に必要で、需要が供給を上回る状況にあり、不動産価格は上昇し続けました。現在でも都心居住が進み、金融緩和策などの政策効果も享受しながら、都心部の不動産価格は上昇基調にあります。つまり不動産には常に一定の需要が存在する。だから最終手段としては売ればよい、と考える癖がついてしまったのかもしれません。

もちろん、バブル崩壊も経験しているので、一方的に地価が上昇するなどとも考えてはいませんし、場合によっては大きく下がってしまうこともありうることは認識しています。しかしここで肝心なことは、価格が下がる、ということは、それでも「まだ売れる」ということです。不動産投資の世界ではこれを「出口」と呼びますが、出口があるということは、自分さえ決断すれば売れる、流動化できるということです。

ところが現在、国内では売れない不動産、出口を失った不動産が大量に発生し続けているのです。日本の人口は２０１０年頃を境に減少に転じ、働き手である生産年齢人口は、すでに95年から減り始めました。それまで溢れかえる需要を創出してきた日本人の数、働き手の数そのものが縮小していく社会において、無尽蔵に住宅に対する需要が伸びていくシナリオは存在しません。

出口を見失った不動産はどうなってしまうのでしょうか。車や家電製品のような耐久消費財は壊してしまえば、所有権を手放すことができます。しかし、不動産は建物を解体することができても土地をこの世から消すことはできません。土地は永遠に存続するものなのです。誰も買う人がいない、ということはそのものに価値が存在しないということです。とてもつらい話ですが、価値を失ってしまった不動産が今、日本中にごろごろと横たわっています。

たとえば厳しい競合の中で取り残されてしまったアパート。相続対策としてはとてもよく機能したアパートでも、テナントが消え、建物が老朽化すれば、もはや買い手が現れません。収入が少なくなってしまうと、必要な修繕ができない、テナントサービスも施しにくい、居住環境の悪化を嫌気したテナントが出ていく、賃料の値下げを要求される、まさに悪循環です。

親から引き継いだローンも返済原資が乏しければ返済が叶いません。ならばアパートを売却して返済ができるでしょうか。著しく資産価値が下がってしまったアパートはもはやどうにもならないのです。金融機関も困り果てます。返済できないオーナーにトリガーを引いて担保物件であるアパートを引き取ったところで、状況は何も変わりません。

自分たちとて、賃貸経営の専門家ではありませんし、同じエリアに同じようなアパートが林立するのも、ノルマに追われるアパート業者と銀行員が結託して、ろくなマーケティング調査も行わずに作り続けてしまった結果なのです。

これからの日本では、こうした不良資産化したアパートが社会問題になる日が近いと思っています。首都圏の貸家の空室率を思い返してみましょう。1都3県はまだしも群馬や栃木、茨城で非常に高い空室率を記録している背景に、この需要のないところに多数のアパートをこしらえた痕が見受けられるのです。そして今後は、1都3県でも人口の増加が期待できない中で、アパート空室率の上昇は避けられない事態になることでしょう。

アパート節税の懸念について語ってきましたが、タワマン節税も同様に、多額のローン組成は、投資の出口をふさぐことになりますので注意が必要です。タワマンは先述したように、今の時代においては、一部エリアの一部物件を除いては、憧れとか、希少価値といったものではありません。

低金利を後ろ盾に多額の投資マネーが流れ込んだタワマンマーケットですが、購入の主体は一般庶民ではなく、限られた富裕層や国内外の投資家です。世界的に見れば日本のマンションなんてまだまだ安いし、為替も思い切り円安だから、出口の心配はない、とみる向きもあるでしょうが、金融に牽引されたマーケットは、意外に脆いものです。

投資家の心は移り気です。今後の金融環境の変化によってはあっというまに日本のタワマンマーケットから資金が逃げ出す可能性があります。現在の都心部のタワマンなどにおける投資利回りは3％台にまで下がっています。つまり取得した価格の割に高い賃料が期待できないということです。

世界が、先進国が、と言いますが、残念ながら日本は先進諸国から置いてきぼりになりつつあります。以前のようにロンドンやニューヨーク、香港、シンガポールとの比較で東京の不動産価格を語れる時代はすでに過ぎ去っているのかもしれません。

そうなった場合にも備えて、出口を見失ったとしても所有して十分満足できる物件を、無理のない範囲でのローン調達で購入することです。

夜になるとほとんどあかりが灯ることのないタワマンは、暗い欲望が潜む部屋のように見えます。不動産を長く扱っている私から見れば、不動産は売って（ＥＸＩＴして）なんぼ、なものだとつくづく思います。相続対策だと思ってベストを尽くすのもよいですが、こうした対策には「相続対策の対策」というものすごいリスクが内包されています。次節でお話ししましょう。

相続対策の対策というイタチごっこ

２０２２年４月19日は、最高裁判所第三小法廷で、マンション業界、税理士、金融機関などの関係者全員が固唾をのんで判決を待つ日でした。

主文「本件上告を棄却する」

結果は関係者にとって非常に厳しい判決でした。この裁判は、多額に及ぶことが予想される相続税課税の軽減・回避を狙って、マンションを購入。その際に借入金を付けた調達を含めることで、全体での相続財産評価額を圧縮する手法に関して、国税当局と相続人たちの争いに初めて最高裁が判断を下す裁判だったからです。

マンションを利用した相続対策が有効であることは、先述しましたが、そのやり方があまりに露骨だったために、相続税の申告時に税務署側から異議が出され、追徴課税を要求され、これを不服とした相続人が裁判に訴えたものです。

さてこの裁判の内容を簡単に追ってみましょう。裁判の原告は、マンションの相続人Aさんたちです。被相続人Bさんは、2009年1月に8億3700万円でマンションを購入しました。この際金融機関から6億3000万円を借り入れています。さらに同年12月に別のマンションを5億5000万円で購入。ここでも金融機関から3億7800万円を調達しました。

この購入にあたっては、相続人Aさんは被相続人Bさんが高齢であり、このまま相続が発生すると約6億円強の相続財産を所有することで多額の相続税が課税されることを懸念していたといいます。そこで、Aさんは銀行と相談のうえ、2つのマンションをBさん名義で銀行からの借入金を受けて購入したのです。

不動産の相続にあたっては、相続税法22条において、相続時点での「時価」によって評価する旨定められています。そして控除できる債務の金額についてもその時点での現況によって決められるとされます。

さらに財産評価基本通達において、時価とは不特定多数の当事者間で自由な取引が行われる場合に通常成立すると認められる価額とされています。つまりマーケット価格に近いものと考えられます。

しかし、実際の不動産の相続税評価は、土地については路線価評価額、建物については固定資産税評価額で算出します。路線価は一般的に土地の時価とされる公示価格の約8割の水準とされるので、もうこの段階で時価よりも安いことになります。ましてや地価高騰時には時価は公示価格の2倍、3倍に跳ね上がることも珍しくはありません。したがって相続税評価における物差しであるはずの時価は、実際の時価よりも「相当に安い」ことになるのです。

さらに借入金額を評価額から控除できるので、現金で持っていれば額面で課税されてしまうのに対して、マンションなどの不動産に替えて、さらに借入金をつけておけば、税金

表３　マンション投資の内容と相続税申告事例

		取得価格	借入金	申告時評価	最終評価
2009/1	マンションA	837	▲630		
2009/12	マンションB	550	▲378		
	計	1,387	▲1,008	333	1,273
2013/3	相続申告額			28	888
2016/4	相続税			0	240

単位：百万円　出所：事例から筆者作成

を大幅に節減したうえで、マンションという財産にして子や孫に引き継げるというのがこの対策のポイントです。

　さて、この手法を使ってマンションを購入したBさんは２０１２年６月に亡くなります。上記手法で計算したマンションの相続財産評価額は２つあわせて３億３３００万円でした。購入した時の合計金額13億８７００万円のなんと24％相当にまで圧縮できたのです。購入してわずか３年程度で時価が４分の１まで下がるわけはありません。マンション投資が財産評価額を圧縮する魔法の杖であることを物語っています。

　Aさんたちは、これらマンションと他の財産を合わせて２０１３年３月に相続税申告を行いました。相続した財産全体の課税価格はなんとわずか２８２６万円。相続の際の基礎控除額の範囲内であり、ついに相続税はゼロ、ということになったのでした。

　これに異を唱えたのが税務署です。実は財産評価基本通達の6では、上記手法によって計算された財産の時価が著しく不適当で、他の納税者に比べ公平性を欠くと判断された場合には、国税庁長官の指示のもと他の方法を使って評価しなおすことが認められています。税務署はこの通達に則って鑑定評価を行い、正しい「時価」を算定すべきとしたのでした。この手法は業界の関係者の間では「伝家の宝刀」と呼ばれるもので、せっかく節税対策が完了したと思っても、税務当局側が宝刀を抜く可能性が残されていることを表現したものです。

２０１６年4月、税務署は、鑑定評価を取ったところ、マンションの評価額は２つあわせて12億７３００万円（購入価額の約92％相当）だとし、その結果他の財産を含めた全体の相続財産評価額は8億８８７５万円に跳ね上がり、相続税2億４０００万円の支払いを求めました。

入念に準備して迎えた相続税対策。大成功と思いきや大どんでん返しを喰らった口惜しさからでしょう。Aさんたちはこれを法廷闘争に持ち込み、曖昧な時価評価について徹底抗戦を挑んだのでした。

Aさんの気持ちは理解できますが、マンション購入価額のわずか４分の１に評価されたものが時価というよりも、確かに鑑定価格（約92％相当）のほうが時価の感覚に近いものがあります。やりすぎはなんでも厳しいしっぺ返しとなって跳ね返る典型的な事例となってしまいました。

それにしても、モヤモヤするのはこの国税当局側が言う「時価」の意味です。通常、不動産鑑定評価の世界では、実際の土地代や建物代を積み上げていく原価法に加え、テナントなどに貸す場合などを想定した収益還元法、周辺取引事例などから類推する比較事例法などの手法が存在します。

ところが現行の手法は、路線価と固定資産税評価という、国や自治体が決めたなんだか曖昧な指標を積み上げた原価法に近い代物です。今回の事例でも収益還元法などでの評価をしていれば、これだけの圧縮にはならなかったはず。これを基本通達一本だけで、「はい、だめ〜」とやってしまうのは、納税者側や税理士側からみれば、一体どんな方法で評価すればよいのよ、という文句が出るのも頷けます。今回の判決では、実は最高裁から、評価にあたっての何らかの基準が新たに出されるのではないかといった期待もあったのですが、判決は従来通りの「伝家の宝刀」を追認しただけのものとなってしまいました。

また、今回の事例ではいたずらに評価額の圧縮を「しすぎた」ことが問題となっていますが、これから多く発生する相続の中には、時価を算出できても実際には「売れない」

「貸せない」「自分が住む予定もない」という三重苦の「負動産」、「腐動産」の存在があります。税務署が「価値がある」といっても、実際には流通価値を失っている不動産が全国で猛烈な勢いで増殖しています。こうした不動産に対する評価についても見直す時期にきているのではないでしょうか。

節税対策は所詮、税務当局との「イタチごっこ」とも言われます。数年前、タワマンを使った同様の相続税対策について講演やセミナーでおおいに宣伝し、本にまで書く自称専門家たちが跋扈しました。こうした手法は昔から「こっそりやって」他人にあまり喧伝しないことが鉄則なのです。ところが今回、最高裁法廷にまで事案を持ち込まれてしまったのは、業界的にはとても残念な行為といえましょう。

新築マンションの買い手として、相続税対策客は業界から見れば上得意です。価格が高いほうが税の圧縮効果が高いのだからこんなにおいしい客はいません。この方たちが判決におびえてマンション投資に躊躇されてしまったのでは、マンション投資マーケットに冷や水を浴びせられたも同然です。

あまり露骨な対策をやってしまうと、その事例だけがスケープゴートになってルールを変えられてしまうのです。対策はこっそりほどほどにやるのがよろしいようです。

相続対策が支える不動産膨張マーケット

本章でみてきたように、不動産は相続対策の王道として、アパート投資あるいはタワマン投資を誘発し、その結果として不動産マーケットにずいぶんと恩恵を施してきました。いっぽうで、その効果を妄信するあまりに行き過ぎた投資をする、身分不相応な借金を背負うことは、後代に禍根を残すような結果を招きます。

本来、不動産は重要な社会インフラであり、人々が「住む」「働く」「買い物をする」「旅をする」などの生活基盤として扱われてきたものであるはずです。ところが、これが相続税対策という名目に変わった瞬間、不動産としての社会的な役割から大きく逸脱して、目の前の節税という目的に拘泥し、求めている結果の達成にのみ心を奪われてしまうのは、決して健全な形での不動産投資マーケットの発展にはつながりません。

アパート建設やタワマン購入を推奨する業者や金融機関、税理士などにとっては、投資によって実現できる節税効果はあくまでもセールストークの一環にすぎず、本当に効果があるかどうかに責任を持つものではありません。ましてやその後の不動産の運用や最終的な売却については、全くの無責任状態、あとは野となれ山となれで、不動産所有者となった相続人の未来にもともと関心などないのです。

なぜ不動産が好調なのかを正確に報道すべきはずのメディアも、実態をよく理解していません。マンションが売れていれば、「マーケット好調、早く買わなければますます値上がりか」などと煽るだけで、この事象の裏に潜んでいるリスクについて論考することは稀です。

たとえば首都圏の新築マンションマーケット。平均価格は６０００万円を超え、到底一般国民では手が届かなくなっています。ところがよく売れている。ここまではおおかた事実です。しかし、報道されるのは世帯年収が１５００万円程度のパワーカップルが、税制上の特典や低金利を背景に積極的に買っている、との上辺だけの内容です。あるいは中国人が大量に買い占めている（これも一部では事実ですが）、などといった一部の嫌中の人々が飛びつくような表現で記事にしているだけで、真相に迫ることができていません。実は新築分譲マーケットにおける購買者の多くは、高齢者名義での購入で、その目的が相続税対策にあることについては見事に抜け落ちています。

読むほうも、マンションといえば、都会生活にあこがれる若者が住宅ローンで背伸びして買うマイホーム、などという一時代前の価値観でこうした記事を読んではいけないのです。

しかし考えなければならないのは、こうしたいびつな動機で不動産に対する投資を促していく現在の相続税に対する考え方は、確実に不動産マーケットを歪めていくということです。アパートの節で述べたような需要のないエリアでの相次ぐ供給、タワマンの節で述べたような膨大な負債を背景とした「出口なき」過大投資は、将来において確実にツケとなって戻ってくるでしょう。

本来であれば詳細なマーケティングを行って需要のあるエリアに需要に見合った不動産を供給していくべきものですが、目の前の相続税対策に不動産が有効であるという理由が優先され、これにローンという将来負債を負わせる荒療治が横行しています。

こうした不自然な相続対策投資が、サステナブルな環境や人間社会の実現にも全くそぐわないものとなっていることには、社会的にももっと警鐘を鳴らしていくべきだと考えます。

第3章　いらない不動産

どうにもならない地方の実家

日本国内では戦後から1975年頃までにかけて地方圏から都市部への大量の人口移動が生じました。これを示したのが図8です。どのくらい移動していたのかと言えば、60年代から70年では毎年40万人から60万人もの人たちが、地方から三大都市圏（東京・大阪・名古屋）などに流入していました。これは地方からみれば、毎年大量の働き手を、東京を中心とする大都市に供給し続けてきたと言い換えることができます。

現在はどのくらいかといえば、コロナ禍前の2018年のデータでは12万人ほどに縮小しています。地方では人口減少が顕著になり、住民の高齢化が進む中、人の再生産が叶わず、三大都市圏への人の拠出という役割はすでに終了しつつあります。

さて1975年くらいまでに都市部にやってきた多くの若者たちは、都市部の学校を出て会社に勤める、あるいは地方の学校を卒業してから都市部にやってきて就職しました。彼らは故郷に戻ることはなく、家族をもって都市部郊外に家を買い求め、親が住む地方の実家に、盆や暮れに帰り、地元の人たちや親戚との旧交を温めていました。

しかし、彼らが都市部に出てきてからすでに50年から60年という時が経過しています。

図８　三大都市圏と地方圏の人口移動

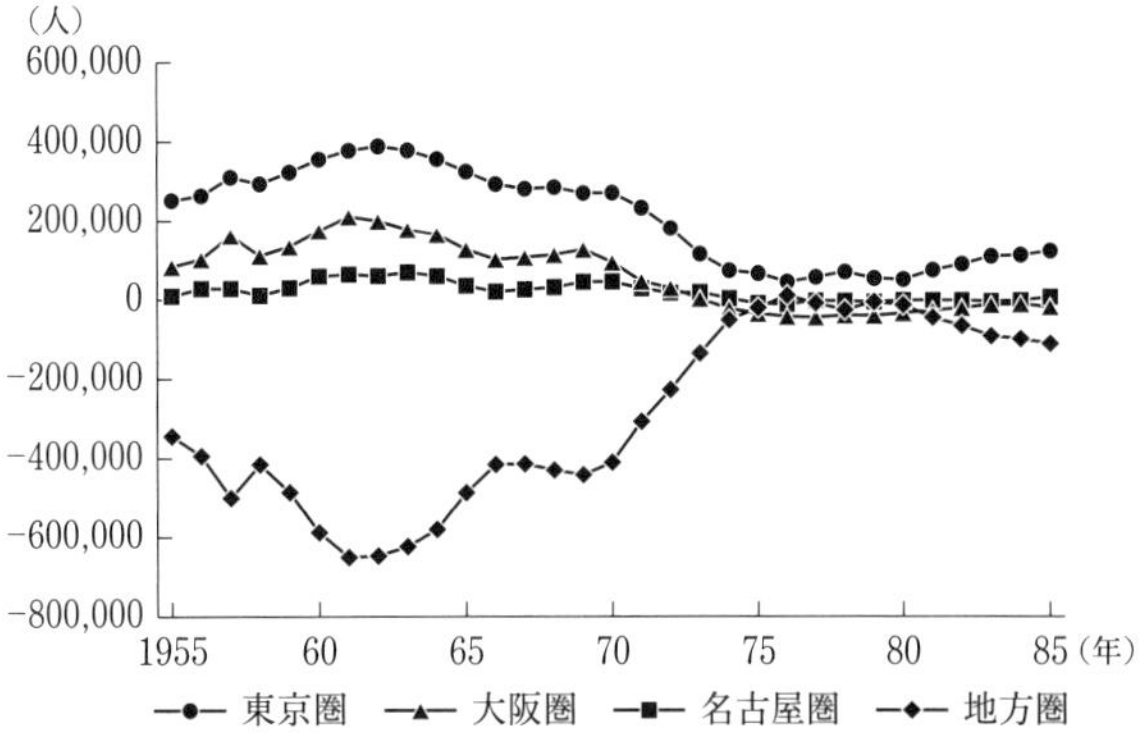

出所：総務省「住民基本台帳人口移動報告」

彼らの親の多くは亡くなり、相続した地方の実家はその多くが空き家となっています。空き家は全国で８４８万戸に増加していますが、空き家問題の最初の課題が、この地方に残された親の実家でした。私は、これを「第一世代空き家」と呼んでいます。

ちなみにこの間に大都市に出てきて都市部郊外に建てた家が、次の世代に引き継がれず、今後大量に空き家化していくのが、大都市圏郊外で起こる「第二世代空き家」問題です。

さて、この第一世代空き家です。自分自身が育った家は愛着こそあれ、すでに都市部で家を持ち、家族を育ててきた人たちにとって、故郷は遠きにありて想うだけの存在になっています。家としての使い道がなく、さりとて売り払うことはご先祖様に申し訳ない、と思う一方、実は地元に流通マーケットはすでになく、売ろうにも売れないものとなっているのが実態です。もちろん貸す相手もいません。時たま故郷に戻って通風、通水、掃除などをしますが、どうにも未来が見通せない家となっています。

　地方ですから毎年課せられる固定資産税はそれほどの負担ではありませんが、家の劣化は否応なく進みます。地方の家は広く、大きく、その維持管理は、税金は別として大きな負担となります。

　そしてこれから問題をさらに深刻にするのが、使い道のなくなった地方の実家をそのままにしていると、もう一世代先、つまり孫世代に相続されていくということです。孫の代ともなれば、祖父母のいた地方の家にそもそも愛着はありません。ただ先祖代々の家という肩書だけが残され、その継承を迫られることになります。

　孫の代にとっては地方の実家（というよりも元実家とでも言いましょうか）はどうにも扱いに困った存在になってきます。せめて親の代で始末しておかないと、すでに地元での人間関係もない中で、この家を相続するメリットは何もありません。

　地方でもある程度の規模がある、立地が良い、など条件が整えばアパートや賃貸マンションを建設する、更地にして売却するなどの活用方法もありますが、人口減少、高齢化が続く多くの地方では、住宅としての役割を終えた不動産の扱いはなかなか困難なものとなっています。

よく地方の実家を相続して、なんとか活用方法を見出そうとして行動を始める人がいますが、注意する必要があります。私の知り合いの事例です。

長野県の中核市にある実家を親から相続した姉妹。2人とも東京住まいで、実家といっても親の実家、彼女らからみて祖父母の家にあたります。夏休みには親に連れられて祖父母の家に滞在し、よく遊んでもらった思い出しかありません。

彼女らの両親は、祖父母が亡くなった後、この実家を年に何回か訪れて管理していましたが、特に何かに活用するようなことはしてきませんでした。姉妹からみれば、いちおう市街地内にある良い家なので、ほったらかしにせず、何か活用すればよいのにと常々思っていたそうです。

そこで相続後は姉妹で相談して、この実家をフルリニューアルすることにしました。家は古いものの内装を一新すれば、借りてくれる人はいるはず、と考えたわけです。リニューアルは楽しい作業です。自分たちで選んだちょっとおしゃれな壁紙を張り、撓《たわ》んでいた床をフローリングの床に張り替え、玄関扉を一新。キッチンも最新のものに更新しました。この時点で当初予算３００万円を超えていましたが、一か所がきれいになると、ほかの箇所の古さが目立つもの。和式トイレも交換。さらに風呂もユニットバスに更新しました。結局予算は大幅オーバーの６００万円。でもこだわって、納得のリニューアルを施したので姉妹はおおいに満足。準備万端、満を持して地元不動産屋の扉を叩きました。

しかし姉妹を待っていたのは不動産屋のつれない返事でした。

「家族向けの賃貸ですか。この地域はみんな自分の家、持っているんでね。借りてくれる人なんかなかなかいませんよ」

家賃を月５万円くらいにすれば、借手が現れるかもしれないとも言われましたが、これではリニューアルに投じた費用を回収するだけで10年もかかることになります。それでは残念だけどいっそ売ってしまおうかと提案してみましたが、

「いやいや、築年相当古いですよね。そもそもこんな古い家を買う人いないよ。リニューアルしたといってもね。新築の家を安く買えるのにそんな人、いない、いない」

と取り合ってもらえません。姉妹は途方に暮れてしまい、最終的には、追加費用をかけるようにと作業を引っ張った姉と、もとは慎重派だった妹の間で大喧嘩になったというこ

とです。

逆にうまく運んだ事例もあります。私とおつきあいのある新聞社の記者さんから相談を受けたときのことです。地方の実家を相続したけれども、自分はすでに家を持っていたので処分しようと思ったのですが、これが売れない、貸せないということです。こうした相談には、実はなかなか良い解答がありません。敷地は約３００坪。現場を実査すると、高台にあって、整形で見晴らしもよく、たしかに良い土地ではあるのですが、普通の家として売るには大きすぎます。さりとて区画割りして分譲するにも、そもそも分譲住宅マーケットが存在しません。

「お隣さんに話を持っていきませんか。もし関心があれば値段はどうでもよいですから売ってしまいましょう」

情けないですが、私のアドバイスはそこまででした。しかし数週間後、記者さんから来た電話は弾んだ声。

「売れました！　お隣さん、敷地を拡げて、畑にしたいって」

先方希望のお値段はなんと３００万円。思いもしない大成功です。

お隣さんに売れ。これが地方の実家の唯一ともいえる対処法です。意外と自分の土地は狭くて不満なので、安く買えるのなら買いたい、というお隣さんは多いものです。

これは実にラッキーな話ですが、今後も多くの地方で人口減少、高齢化が進展していくと、全く売れず、貸せずにただ維持管理だけを強いられるという実家、元実家が大量に発生することが予想されます。需要が減り続けていくエリアでの不動産はとにかく早めに、どんな値段でも売れる間に「売る」に限るのです。

郊外ニュータウン一戸建て住宅相続

ニュータウンと呼ばれる都市郊外地域での住宅開発は、都市に集まる人々の受け皿として山や大地を切り崩して新たに造成されてきた新興住宅地です。国土交通省ではニュータウンを次のように定義しています。

① １９５５（昭和30）年度以降に開発されたもの
② 計画戸数１０００戸以上または計画人口３０００人以上
③ 開発面積16ha以上

現在までにどれだけのニュータウンが誕生してきたのでしょうか。これも国土交通省によれば、全国のニュータウン数は２０２２か所。開発面積は18・９万haに及びます（図

図9　全国の市街化区域に対するニュータウンの面積割合

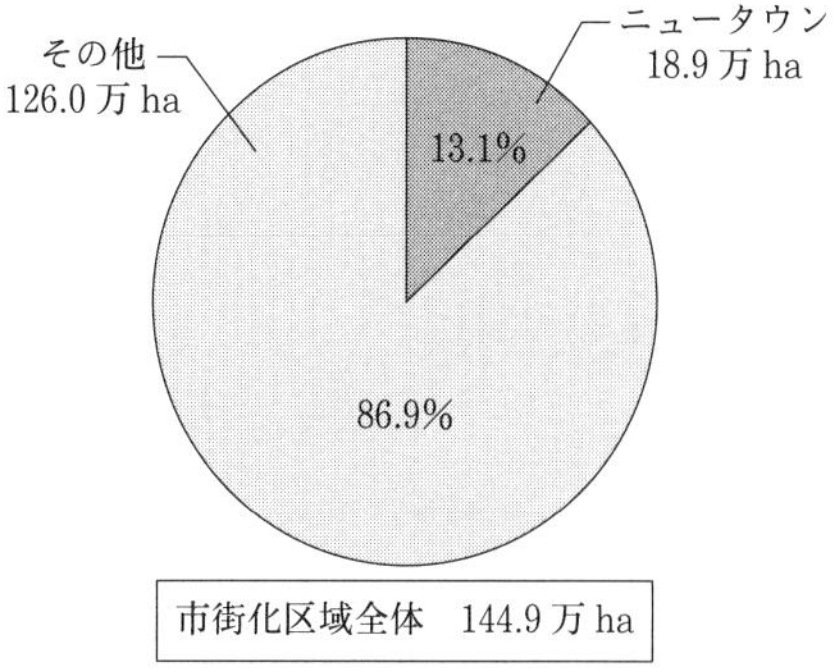

図10　年度別ニュータウン事業開始地区数及び面積（1年ごと）

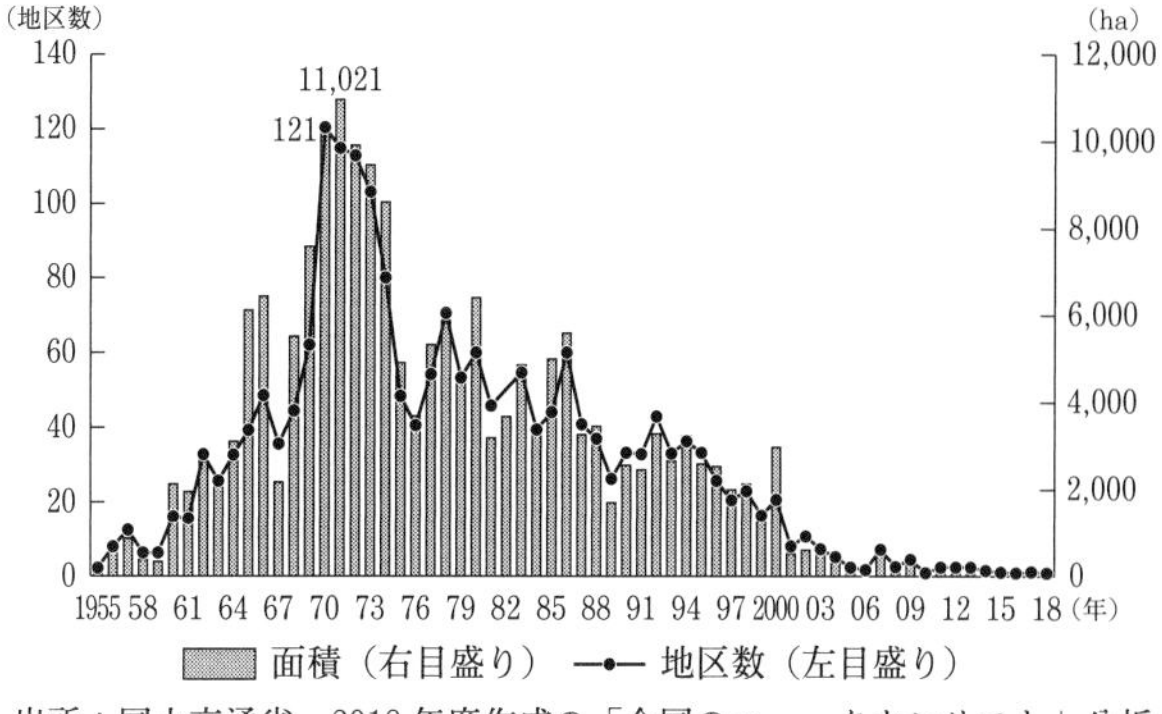

出所：国土交通省　2018年度作成の「全国のニュータウンリスト」分析

9）。この面積はほぼ大阪府の面積（19万ha）に匹敵。全国の市街化区域面積の13・1％、住居系用途地域の15・1％に相当する広大なものです。

驚くのは、現在でも計画、造成が進行中のニュータウンは121か所を数えていることです。

ニュータウンの供給が活発に行われたのは1970年代前半です。高度経済成長により、人々が職を求めて都市部に集中を始めていた時代に該当します。

さて当時、ニュータウンに住宅を求めていたのは30歳から40歳代です。ということは、現在の年齢はおおむね80歳から90歳代に相当します。ニュータウンで育った子供たちは50歳から60歳代。当然のことながら相続が頻発する世代に該当します。

神奈川県横浜市郊外にあるニュータウンを例に、相続を考えてみましょう。70年代前半に分譲されたこの街は、ゆったりとした敷地に瀟洒な一戸建てが並ぶニュータウンで、都内に勤務する大企業サラリーマン、医者、パイロットなどがこぞって買い求めた人気物件でした。時が経ち、このニュータウンで育った子供たちはそのほとんどが東京都心に勤め、50歳から60歳代になった彼らはすでに都内のマンションなどに居を構えています。親はすでにほとんどの人がリタイアし、毎月のようにそこかしこで相続が発生しています。

相続が発生したＡさん宅は、敷地面積80坪に延床面積32坪の住宅が建っています。２人のお子さんたちはすでに独立され、家では奥様と２人暮らしでした。さて相続税評価額がどうなるかといえば、路線価単価は１㎡当たり７万５６００円、坪に直すと25万円です。80坪の敷地ですから相続税評価額は２０００万円になります。建物は固定資産税評価額で５００万円。合計２５００万円。Ａさんには家のほか現預金や有価証券で５０００万円ほどの資産があり、奥様と２人のお子さんの基礎控除額合計である４８００万円（３０００万円＋６００万円×３人）を超えてしまいます。しかしながら先述したように、遺産総額は配偶者控除１億６０００万円の範囲に収まりますし、自宅はこのまま奥様が暮らすので小規模宅地等の特例で敷地の評価は評価額の２割、つまり４００万円に減額されます。とりあえずの相続にあたっては少なくとも課税の心配はありませんでした。

ところがＡさんの亡くなった数年後に、奥様が亡くなり二次相続が発生しました。相続税評価額は総額７０００万円になっていましたが、この段階では配偶者控除も小規模宅地等の特例（被相続人と相続人が同居していないと適用されません）も適用されないため、約３２０万円もの税負担を余儀なくされました。

さてＡさんの息子さんもすでに還暦。自分の家は都内に構えているものの、まだ住宅ローン返済が残っています。その状況での相続税支払いは全くの想定外でした。さらに残されたニュータウン内の家の管理をしなければなりません。妹は九州に嫁いだため、家の管理に参加はできません。隔週で自ら実家に出向き、通風や通水、掃除をします。この程度ならまだしも家の中は家財道具の山。どうしてこんなにモノをため込むのかとため息をついても、張本人である両親はすでにいません。少しずつ片づけるものの還暦を過ぎた身体には結構な重労働です。夏はちょっと目を離したすきに、広めの庭の草木は生い茂り、勝手口に置いていた物置にはハクビシンが棲みつく、軒下には足長バチが巣を作るなど散々です。

　そこで妹とも相談の上、自分たちの育った家ではあるものの、この先利用するアテもないことから売りに出すことにしました。ところが不動産屋の返事はつれないものでした。平成バブル時代には新築であれば１億円台を付けたはずなのに査定額はなんと１８００万円程度。路線価評価額以下です。不動産屋曰く、最寄り駅までバスで20分。バスも減便されて日中は１時間１本。都心まではさらに１時間以上かかる。エリア内の小学校もすでに統合されて、通学にも支障が出て小さな子を連れたファミリーには人気がない。ニュータウン内にあったスーパーも住民の高齢化とともに撤退。１８００万円でも売れるかどうかは全くわからない、とのこと。実際に売りに出してはみたものの、半年たっても問い合わせがありません。

　賃貸も考えてはみたものの、これらの条件下ではさらに需要がないことは明白です。「売れない」「貸せない」「自分も住む予定がない」。この三重苦の家の扱いに途方に暮れるのがＡさん宅のニュータウン相続です。

　Ａさんのケースはまだよいほうです。売れていないとはいえ査定額は１８００万円。都心まで遠いとはいえ、横浜市内へのアクセスは確保されています。市内に勤めていて通勤が車利用であればまだ売れる可能性があります。首都圏ではすでに価格査定すら困難になったニュータウンが続出しています。

　では買い手も借り手もいない、利用価値を失ってしまった「負動産」や「腐動産」をこの先どう扱っていけばよいのでしょうか。車や電気製品などの動産であれば、捨てることができます。ところが不動産は手放すことができず、手放せない限り永遠にお付き合いを続けていかなければならない存在なのです。

　Ａさん宅の実情は残酷です。翌年5月、Ａさんの息子さんに届けられたのは実家の固定資産税通知書でした。年間の固定資産税は15万円。使いもしない不動産を管理する苦痛に加えて毎年税金を払わなければならないのです。管理が面倒だからと言って家を解体撤去すれば、小規模宅地に適用されている固定資産税の減額（固定資産税が6分の1、都市計画税が3分の1）がなくなります。税負担は数倍に膨れ上がるので必死に残された家を管理しなければなりません。そして管理を続けられずに放置し、自治体から特定空き家として指導、勧告を受けるようになれば、最悪、小規模宅地等の特例を剝奪される可能性があります。

こうなるともはやニュータウンに残された不動産は、資産ではなく負債以外の何物でもなくなります。そしてニュータウン相続は一次相続を経て、これからいよいよ二次相続が本番を迎えます。全国２０００か所のニュータウンで相続した家で、途方に暮れる人たちが続出するのは、もうすぐのことなのです。

老朽化マンションという置き土産

民間で初めてマンションが分譲されたのは、１９５６年、東京都新宿区四谷三栄町に建設された四谷コーポラス（２０１９年に建て替え）です。以降65年以上にわたってマンションは分譲、供給が行われていて、２０２１年末で累計６８５万9千戸、国内の住宅総数が2018年で6240万戸ですからマンションは日本の住宅の1割を超える、ごく一般的な居住形態といえます。

685万戸のマンションのうち、約15％に相当する103万戸が所謂、旧耐震建物です。旧耐震建物とは1981（昭和56）年5月末日までの建築確認で建設された建物で、大きな地震等が発生した場合、現在の耐震基準よりも耐震性能に対する規制が緩いため、損壊や倒壊などのリスクが高いとされています。

1981年以前といえばすでに40年以上前です。前節のニュータウンの話を思い出してください。1970年代前半から80年にかけて大都市圏で多くの人が家を購入しました。そして購入者の多くが80歳から90歳代に突入しています。つまり、これから発生する多くの相続が、旧耐震設計下のマンションが対象となることを意味しているのです。

旧耐震設計のマンションは、同じく旧耐震のオフィスビルに人気がないのと同様に、マーケットでは人気がありません。1997年に発生した阪神・淡路大震災でも旧耐震設計のマンションで、建物が傾く、1階のピロティ部分が損壊して車が下敷きになるなどの被害が多く報告されました。

こうした旧耐震マンションが次世代に相続され、きちんと利用、活用されていくのか、今後頻発する相続でマンションの持つ価値が問われようとしています。

まず築40年を超えるようになると、建物の老朽化問題が喫緊の課題となります。マンションはその多くが鉄筋コンクリート造、または鉄骨鉄筋コンクリート造です。コンクリートの耐久性は一般的には50年から60年はあるとされますが、実際には、築40年を超えるようになると建物自体の建て替えの必要性が生じてきます。

建物の構造や躯体《くたい》に問題がなくとも、ガスや上下水道、電気などの配管の老朽化は大規模修繕を施すにあたっても限界を迎えます。人間でいえば肉体はまだまだ元気でも内臓や血管に支障が起こるようなものだからです。

しかし残念なことに、マンションの建て替えはほとんど行われていないというのが実態です。国土交通省の発表によれば、２０２２年４月１日現在で、全国で建て替え工事が終了したマンション棟数は累計でわずか２７０棟にすぎません。１棟あたり50戸でカウントしても１万３５００戸。仮にすべての建て替えが旧耐震基準のマンションで行われたとしても、建て替え率は旧耐震設計基準で建てられたマンションの１％強にすぎません。

背景にあるのがマンション住民の高齢化問題です。図11は国土交通省「平成30年度マンション総合調査」におけるマンション世帯主の年齢を調査したものです。この調査によれば、マンション世帯主のおよそ半分（49・4％）が60歳代以上であることがわかります。70歳代以上に絞ってもその割合は2割を超えます。マンションは今や高齢者の資産なのです。したがってこれから多発する相続資産の対象の多くがマンションとなることが容易に予想できます。

しかも高齢者ほど老朽化したマンションを所有している割合が多くなることから、相続人はどのように扱えばよいかという問題に直面することになるのです。

旧耐震設計の老朽化マンションでも、都心の一等地にあるようなマンションの場合は、相続の際にそれほど問題となることはありません。容積率に余裕がある物件ならば、建て替えて実現できる余剰分の床を新たに分譲することで建設費を賄うことができます。民間初の分譲マンションである四谷コーポラスが建て替えできたのも、都心部にあって容積率に余裕があり、余剰床を高値で分譲できたからです。同潤会青山アパートは表参道ヒルズという商業施設に生まれ変わりましたが、青

図11　マンション世帯主年齢構成

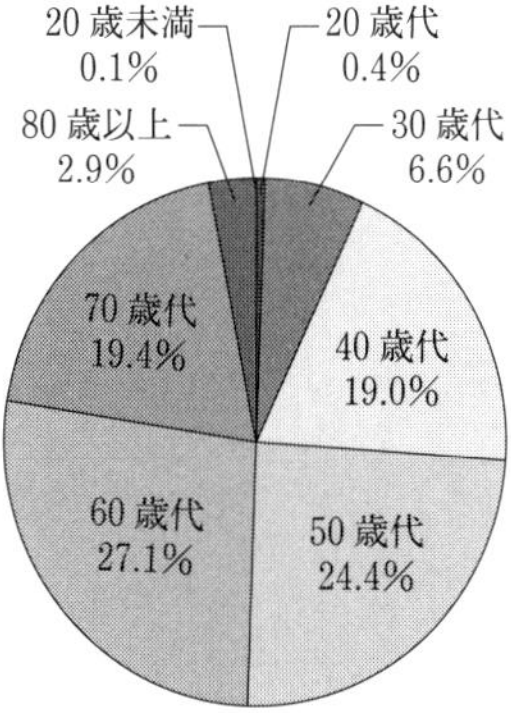

出所：国土交通省「平成30年度マンション総合調査」

山という立地がなせる業ともいえます。

しかし、そうしたヴィンテージマンションは別として、老朽化したマンションを相続して待ち受けるのが、建物管理に伴う問題です。今、築年数が経過した老朽化マンションで問題となっているのが、管理費、修繕積立金の滞納問題です。住民の高齢化に伴い、経済的に苦しくなり滞納する、認知症を患い、支払いが滞るようになる、などといった事象が頻発しています。

またマンション内での高齢者の孤独死が珍しくなくなりました。不動産業界でも孤独死が発生した物件では、新たに当該物件を売却する際に、従来は事故扱いとして買い手に対しての重要事項説明項目にしていたものを削除するほど一般的な事象になっています。

さらに住民の高齢化は管理組合の機能を著しく低下させ、組合実務をサポートする立場にあるマンション管理会社が管理業務を辞退するなどの事例も増えています。

こうした老朽化の著しいマンションを相続してしまうと、どのような事態になるのでしょうか。まず管理状態の悪いマンションは賃貸物件として評価を得られません。都心部、駅近など素晴らしく良い立地であればともかく、エントランスがオートロックでない、エレベーターがない、共用部が汚れている、などは賃貸物件として致命傷になります。

自分はちゃんと管理費、修繕積立金を支払っていても、他の区分所有者が滞納していれば、必要な修繕が行われず、いつまでたっても環境は改善されません。

それでは売却しようとなっても、財政状況のよくないマンションを積極的に検討する買い手は少なく、思い描くような価格では売却できないケースが増えています。売れればまだしも、ニュータウン戸建て住宅と同様に、郊外などに立地するマンションとなると全く買い手がつかないケースもでてきています。少しでも売れるようにと自分の住戸内をリニューアルしても、その費用を回収すらできないマンションもあります。

現在では、首都圏であっても郊外で最寄りの駅までバス便、あるいは鉄道沿線でも主要な鉄道ではない支線の駅が利用駅になる物件で、築年数のたったものは、売値が車一台分程度になっている物件もざらにあります。

貸せない、売れないとなった場合、戸建て住宅以上に厄介なのが、相続人が管理費、修繕積立金を払い続けなければならないということです。物件にもよりますが、老朽化したものほどその額は高額になります。月額4万円や5万円を支払う。年間にすれば50万～60万円を全く価値のなくなったマンションに支払い続けるのは、もはや資産ではなく負債そのものです。

最近ではこうした状態に陥ることを嫌気して、相続した事実を管理組合に知らせない相続人が頻出しています。マンション内に貸せず、売れずにどうにもならなくなった空き住戸が増えると、マンション内の環境はさらに悪化していき、やがてはスラム化の危機を迎えることになります。

戸建て住宅よりも流動化しやすい（売りやすい）などと勝手に思い込んでいたマンションも、実はこれからは相続するとかなり厄介な存在になることが予測されます。特に郊外部にあるマンション相続は要注意の時代になるのです。

どうするのか、使わなくなった別荘、リゾマン

相続する際、現金や有価証券は人気が高いいっぽうで、地方の実家や郊外ニュータウンの戸建て住宅、老朽化マンションは、その後の維持管理や換金処分で悩ましいものがあることについて紹介してきました。相続財産の中で、もっとも評判の悪い財産がもうひとつあります。それは親や先祖が残した別荘、リゾートマンションです。

総務省の住宅・土地統計調査（２０１８年度）によれば、別荘やリゾートマンションに分類される家の数は全国で26万１８００戸。都道府県別では長野県の４万５６００戸に次

いで、静岡県3万8100戸、千葉県1万7500戸と続きます。

　ではこれらの別荘はいつ頃、多く供給されてきたのでしょうか。やや古い統計ですがリゾート事業協会（2007年に解散）がまとめた資料では、別荘は1988年頃をピークにその後は減少傾向をたどったことがわかります。またリゾートマンションの供給戸数も90年頃がピークで、当時は年間1万戸以上が供給されていたようです。

　1990年前後といえば、平成バブル真っ盛りです。この時期以前からも別荘は建築されてきましたが、政治家や文人、外国人、企業経営者など一部の富裕層が所有してきたイメージが強くありました。

　しかし、平成バブル期になると、一般市民でも週末を別荘地で過ごす習慣が生まれ、不動産デベロッパーも別荘地開発に力を入れるようになりました。また、戸建て別荘だけでなく、リゾートマンションも人気となり、別荘は庶民の憧れから余暇を楽しむ身近な存在になりました。

　リゾートマンションは戸建て別荘と異なり、維持管理が楽であることから、当時のスキーブームも相まってスキー場周辺で多数建設されました。代表的なものが新潟県南魚沼郡湯沢町のスキー場周辺に建設されたリゾートマンションです。分譲時は2000万円台か

図 12　全国別荘地市場動向

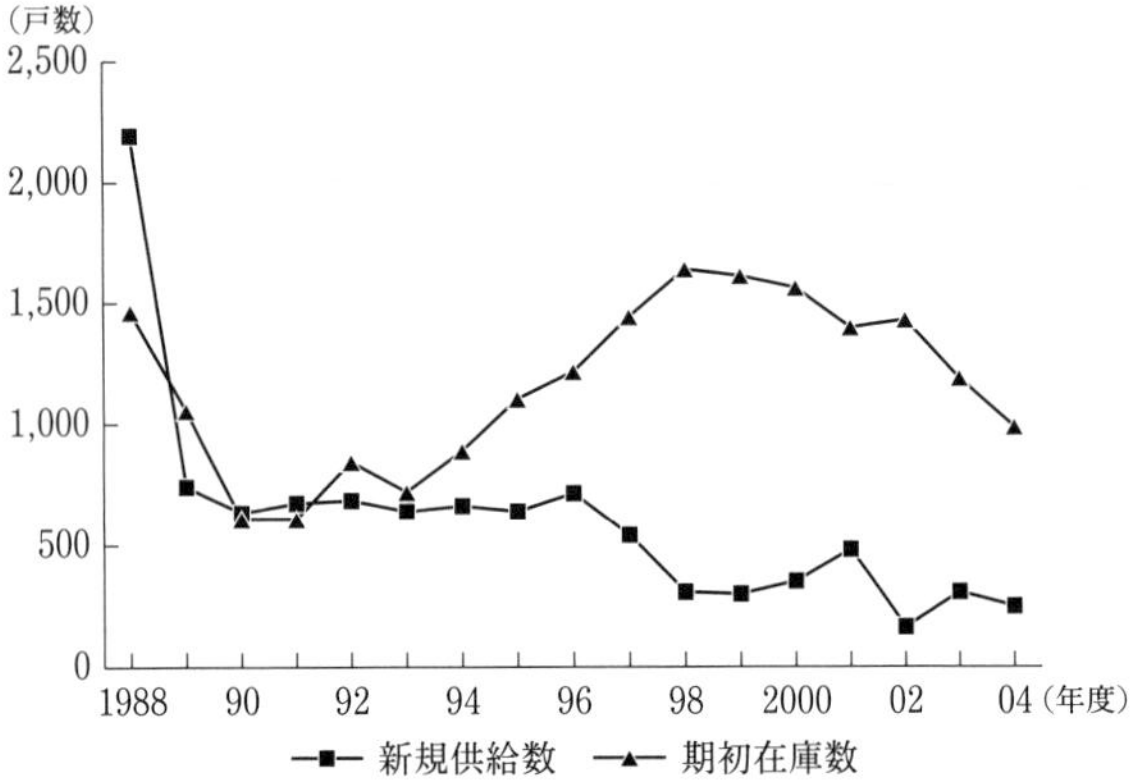

図 13　全国リゾートマンション市場動向

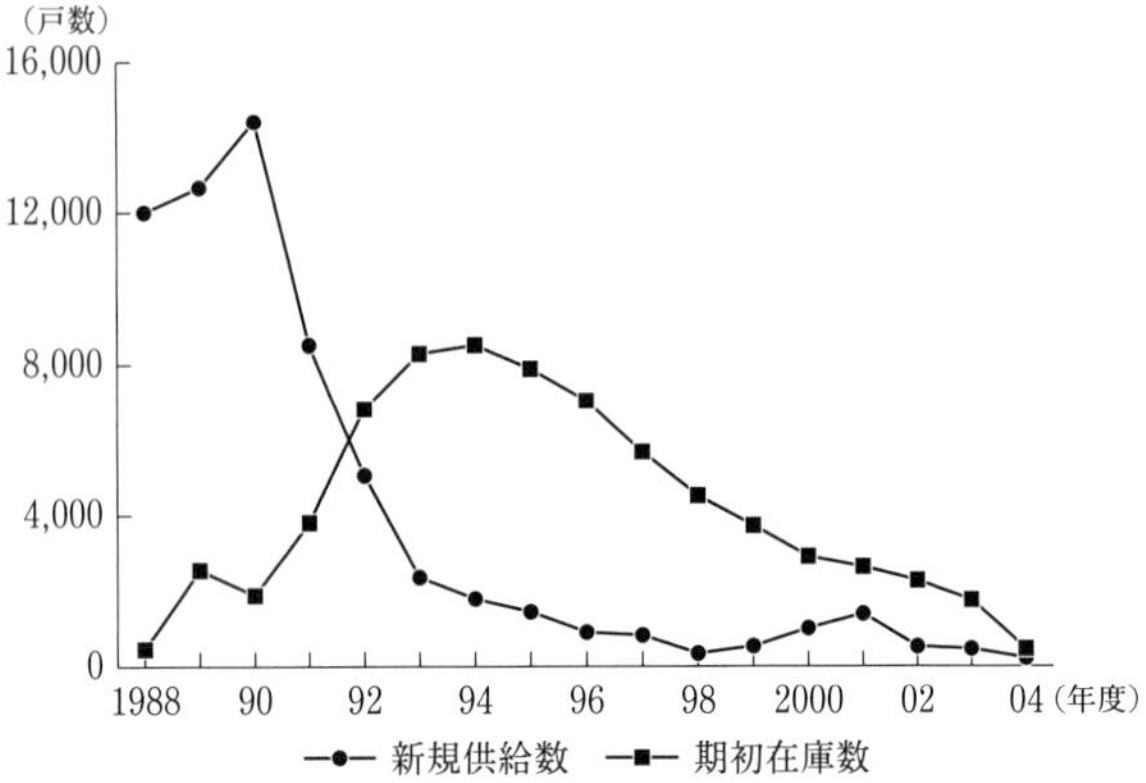

出所：リゾート事業協会

ら３０００万円台。大企業のサラリーマンでも十分手が届く範囲であったことから大変よく売れました。シーズン中になると現地のホテルは予約でいっぱいになる、それならばマンションを買ってしまえば、泊まれない心配もない、という今では考えられないロジックで売れに売れたのです。

さてこれらの別荘、リゾートマンションも、その多くが築30年以上を迎え、その所有者に相続が発生し始めました。購入直後こそ、頻々と現地を訪れ、リゾートを満喫してきましたが、所有者が歳を取るに従い、また子供や孫が成長して忙しくなるにつれ、親や祖父母の別荘に遊びに来なくなります。そもそも最近の若者はスキーに興味がありません。そしてこの資産を相続した多くの人が、今その取扱いに苦慮しています。

しかし相続は確実に発生し、誰かが引き受けなければなりません。

戸建て別荘の場合、築年数が経過するにつれ、一般の住宅以上に建物の傷みが顕著になります。山や高原、海辺などに建つ建物は、湿気や潮などの影響を受けやすく、建物の傷みが早い傾向があります。特に木造の戸建て別荘は初めのうちこそきれいでかっこよいのですが、実はネズミや虫などが入り込みやすく、少しの間訪れないでいると、あっという間に住戸内ではネズミの運動会が開催され、家全体が昆虫ワールドになり果てます。マンションでもベランダにある空調の室外機、湯沸かし器などがあっという間に錆びつきます。

また多くの別荘地では、通常の住宅地とは異なり、別荘地独自の管理費を設定しています。場所によって異なりますが、その額はおおむね年間で5万円から15万円程度。温泉を引き込んでいたりすると温泉基本料や使用料、施設維持管理費などが課せられます。固定資産税は数万円程度にしても、静岡県熱海市のように独自に別荘税を徴収しているような自治体もあります。

リゾートマンションでは、共用部に温泉大浴場やプール、ジムなどを設け、管理費が修繕積立金を含めて月額5万円を超える物件も珍しくありません。そんな中、代替わりが行われたのに、新たな所有者が届け出をせずに管理費や修繕積立金を滞納する、所有者が外国人になり、管理費等を払わないばかりか、マンション規約に則らない使用のしかたをして問題となっているような物件も出始めています。

自分ではもう使わないような、こうした別荘、リゾートマンションは、もはや売るしかありません。ところが、これがなかなか思うように売れないのです。購入時には3000万～4000万円もした別荘が数百万円にもならない。先述した湯沢のリゾートマンションの中には、10万円から数十万円で売りに出されている物件もたくさんあります。

ちなみに不動産で10万円などといった価格付けがなされているのは、売れないので「気配値（とりあえずの値）」を付けているにすぎないと考えてよいです。「もってけどろぼー」状態なのです。

不動産は残念ながら、「マジ、いらない」と思ってもゴミ箱に捨てることはできません。それどころか、別荘やリゾートマンションに至っては、維持管理に多額の費用がかかってしまうのです。

コロナ禍以降、リモートワークが定着し、都市部を離れ、別荘地やリゾートマンションに定住する人たちも現れ始めています。相続して困り果てている人たちにとっては、干天の慈雨です。自分が使わないのであれば早めに処分することが肝要です。

ただマーケットを見ていると、当たり前ですが敷地や建物がちゃんと管理され、必要な修繕が施されているものほどよく売れています。ゴミ同然のまま売ろうと思っても、買い手もよくみているものです。別荘専門の不動産業者と相談のうえ、販売戦略を構築したいものです。

中小ビル相続の困った問題

相続財産における不動産は何も住宅ばかりではありません。都市部などでオフィスビルを所有していてこれを相続するケースもあります。都市部のオフィスビルであれば、そのほとんどが従前より賃貸資産として運用してきていますから、相続の際に税金の問題はあるにせよ、ビルを相続できるなんて、なんて羨ましいと一般の人たちは思うかもしれません。ところが現実の世の中はだいぶ異なります。

東京都心の新橋や神田、五反田といったエリアには中小企業が集中し、その受け皿として中小ビルが林立しています。オフィスビルマーケットでは、ビルの大きさによってカテゴリー分けがあります。オフィスビル仲介の三鬼商事では、賃貸する1フロア（基準階と呼ぶ）面積に応じて、200坪以上のビルを大規模ビル、100坪から200坪を大型ビル、50坪から100坪を中型ビル、20坪から50坪を小型ビルと定義しています。新橋などのエリアに集中しているのが、このカテゴリーのうちの、中型や小型のビルになります。

これらの中小ビルは、大手デベロッパーなどが所有、運営するものは少なく、多くは地場の中小企業や個人が所有しています。彼らの多数は戦前から戦後まもなくにかけて、この地で商売などを営んでいた自営業者たちです。高度経済成長期から平成バブル期までに、増え続けるオフィスニーズを見越して、自らの事業とは別に土地の有効活用策として、オフィスビルを建設し、これを賃貸することによって副収入を得る道を選択しました。

現在、これらのビルの多くが築40年から50年経過しています。マンションと同じく、老朽化が進んだ建物は、大規模修繕だけでなく建物自体の建て替えを視野に入れなければならない時期に差し掛かっているのですが、難題が持ち上がっています。建て替えができないのです。事業でいえば持続可能性がなくなってきているのです。

都心の良い立地のビルなのに、持続可能性がない、というのを不審に思うかもしれませんが、これが世の中の現実です。私の会社では、数年前に新橋の中小ビルオーナー約20社に直接面談をして、ビル経営の悩みを聞いたのですが、彼らの苦悩は私たちの想像をはるかに超えるものでした。

マンションと同様、オフィスビルでも築年が40年を超えると、人間の体でいえば内臓や血管部分にあたる、建物の設備や配管に支障が出てきます。大規模修繕のコストが跳ね上がるのはこの時期の建物の宿命です。ところが多くのオーナーが大規模修繕費用を賄うための積立を行ってきていません。分譲マンションなどでは、管理規約で修繕積立金などの制度がありますが、中小オフィスビルオーナーの多くは自営業の延長としてビル経営を行っているため、こうした積立に対する意識は低いのが実情です。

設備や配管は補修を繰り返すことである程度の延命ができるのですが、オーナーは建物が「まだ持つだろう」と思われる間は多額の出費は避けたがる傾向があります。なかなかテナントが入らないビルオーナーに設備を更新しようと提案しても、「先立つお金がない」ので決断ができません。「テナントが入ったら」やろう、ということになりますが、これでは鶏と卵です。

また、たとえ事態をよく理解したオーナーが、いざ大規模修繕を行おうとしても、手元にお金がありません。銀行から借入金を調達しようにも、実は多くの中小ビルオーナーはオフィスビルを担保に自らの本業用に多額の運転資金や設備資金を調達しており、あらたに銀行から融資を受けるには担保枠が乏しいケースが多いのです。

ましてや建て替えはさらに難しい課題となります。現在の新橋、神田、五反田あたりの中小ビルの賃料相場は坪当たり月額１万円台後半から２万円。それに対して、ビルを建て替えるとなると、建設費は坪当たりで１５０万円は下らず、数年前の３割アップとも言われています。建て替えにあたっては既存のテナントに立ち退きをお願いすることになります。ところが日本では借り手の権利が手厚く守られているために、多額の立ち退き料の負担を余儀なくされます。ようやく立ち退きが完了しても、今度は既存建物の解体費が高騰しています。理由は人件費のアップと、廃棄物処理ルールが厳格化されたことによって、処理費用が膨れ上がっているからです。また、現在多くの銀行は、建て替えにあたって建設資金を融資できたとしても、テナントの立ち退き費用については「自腹でお願いします」と言います。マネーロンダリングなどにつながる可能性がある資金は融資しないというのです。オーナー側に十分な蓄えがあればよいのですが、多くのオーナーにそんな余裕資金などあるはずがありません。

建て替えにあたってあまりに余分な費用がかかるうえに、高騰を続ける建設費をかけて新しいビルに生まれ変わっても、賃料相場はそれほど上昇しません。土地はオーナーが持っているから土地代がかからないはずなのに、建て替え費用を、建て替え後の賃料収入で回収していくのに20年から30年もかかってしまうというのでは、とても行動に移れないというものです。

こんな事業計画では銀行が首を縦に振ることは少ないですし、ましてや本業のための資金を、既存ビルを担保に借り入れていれば、まず新たな融資は実行できないということになります。

そして今後、彼らを待ち受けるのが相続と事業承継です。建物がどんどん老朽化して修繕を含めたコストが膨大にかかる、修繕をしたからといって賃料収入が上がるわけではない。少なくとも現状を維持するだけで相当な負担を強いられることになる中小オフィスビルの実態について、相続人である息子や娘にも数組インタビューしたのですが、彼らはこのことを良く理解していて、「そんな資産はいらない」と口をそろえます。それでも相続が発生すれば、この後始末を託されるのは相続人である息子や娘となります。

都市部にある多くの中小ビルは今後、オーナーに相続が起きることによって、あるいは事業承継を断念するに及んで、他人の手にゆだねられることになります。大手のデベロッパーなどが買ってくれればよいですが、もともと規模が小さな土地建物は、彼らのお好みではありません。実際は借入金が返済できない担保として銀行が差し押さえることになりますが、銀行とてテナントを立ち退かせ更地にでもしなければ、満足な価格で資金の回収を行うことは難しく、彼らにとっても痛しかゆしです。

買う側も土地代まで払って、新たにオフィスビルを建設しても採算がとれないことは明らかです。意外に思われるかもしれませんが、都市部の中小オフィスビルが流動化に苦労することが、相続をきっかけに露呈してくるのです。相続はオフィスビルのような高額な資産でも、今後大きな問題となってくるのです。

もらって困る非上場株式

中小ビルという資産をもらうのと同様に、気軽に相続しておおいに困ることになるのが、親の持っている会社です。近年は家業であっても株式会社化しているものが多く、発行している株式は、ほとんど親かその親族などが保有しているケースが増えています。

上場している株式であれば、株価は日々マーケットで把握できますが、非上場株式の場合は、相続する株式がいったいどのくらいの価値であるのか皆目見当もつかないということがあるのではないでしょうか。

たとえば、親の事業を長男が継ぐなどというケースです。父親が社長で、長男が取締役の会社で父親が亡くなって、さて、後継ぎである長男が会社を相続して、事業を継続することになります。

父親が生前に保有していた会社の株式を長男が引き継ぎます。そのほか個人として保有していた現預金などは次男や長女、次女などが相続します。ところが、株式の相続税評価額を計算したら大変な金額になり、長男には現預金が相続されなかったので相続税が払えなくなるような事例が、多発しているのです。父親が事業で頑張った結果、これを受け継ぐ子供が苦労するという図式です。

では実際に、非上場株式は相続時にはどのように評価されるのでしょうか。まず相続対象となる非上場株式を持つ会社が同族会社であるか否かが重要です。同族会社とは経営者一族が会社の出資持ち分のほとんどまたは全部を所有している会社をいいます。税法上では具体的に、対象となる会社のうち①株式の50％超を保有、②特定の3グループ以下の株主が保有、している状態のものを同族会社と呼んでいます。グループとは、株主とその株主と特別な関係にある個人や法人を指します。

相続する株式が同族会社ではない、つまり同族株主に該当しなければ、その評価は配当還元方式で行われます。つまり相続した株式だけではこれを発行する会社を支配することはできないので、その評価は株式の配当から計算するという簡便な手法を採用しています。この計算方法で評価される価額はそれほど大きな金額にならないケースが多いので、相続の際にあまり問題となることはありません。

では同族会社の株式を相続する場合はどうでしょうか。まず対象となる会社がどのような会社であるか、簡明に言えば大会社なのか、中会社、小会社なのかということが最初の判断材料となります。大中小というと曖昧な表現に聞こえますが、これは相続税法上の会社区分として業種によって3段階に分類して決められています。

判定方法はまず、純資産額と従業員数で会社規模が小さくなるほうを選び、続いて取引金額をみて今度は会社規模が大きくなるほうを選びます。これで相続する会社の税法上の規模が判明します。

次に相続税評価です。同族会社の株式評価方法には、①類似業種比準方式、②純資産価額方式があり、さらに①と②を組み合わせて評価する③折衷方式の3つの方法があります。類似業種比準方式とは、類似の業種になる上場会社を例に配当や利益、純資産などを比較考量して決めるもので、評価額は会社の大きさに応じて一定の掛け目は講じられているものの、上場会社評価に引っ張られ高額となる傾向があります。純資産価額方式とは、相続時点で当該会社を清算した時の1株あたりの分配額を基に計算されます。会社に不動産などの資産が多いときには思わぬ金額で評価される場合があります。

さてこの3つの方式ですが、勝手に選択はできず、会社規模によって選択範囲があらかじめ決められています。まず大会社に分類されてしまうと、①と②のどちらかを選択しなければなりません。中会社、小会社の場合は、②と③のどちらかを選択することになりま

表4　相続時の会社規模の定義
（卸売業）

純資産（帳簿価額）	従業員数	取引金額	会社規模
—	70人以上	—	大会社
20億円以上	35人超70人未満	30億円以上	
4億円以上20億円未満		7億円以上30億円未満	中会社の大
2億円以上4億円未満	20人超35人以下	3.5億円以上7億円未満	中会社の中
7千万円以上2億円未満	5人超20人以下	2億円以上3.5億円未満	中会社の小
7千万円未満	5人以下	2億円未満	小会社

表5　相続時の会社規模の定義
（小売り・サービス業）

純資産（帳簿価額）	従業員数	取引金額	会社規模
—	70人以上	—	大会社
15億円以上	35人超70人未満	20億円以上	
5億円以上15億円未満		5億円以上20億円未満	中会社の大
2.5億円以上5億円未満	20人超35人以下	2.5億円以上5億円未満	中会社の中
4千万円以上2.5億円未満	5人超20人以下	6千万円以上2.5億円未満	中会社の小
4千万円未満	5人以下	6千万円未満	小会社

表6　相続時の会社規模の定義
（卸売・小売り・サービス業以外）

純資産（帳簿価額）	従業員数	取引金額	会社規模
—	70人以上	—	大会社
15億円以上	35人超70人未満	15億円以上	
5億円以上15億円未満		4億円以上15億円未満	中会社の大
2.5億円以上5億円未満	20人超35人以下	2億円以上4億円未満	中会社の中
5千万円以上2.5億円未満	5人超20人以下	8千万円以上2億円未満	中会社の小
5千万円未満	5人以下	8千万円未満	小会社

表７　会社分類による非上場株式評価方法

<table>
<tr><th colspan="2" rowspan="2">会社分類</th><th rowspan="2">類似業種比準</th><th rowspan="2">純資産価額</th><th colspan="2">折衷</th></tr>
<tr><th>類似業種比準</th><th>純資産価額</th></tr>
<tr><td colspan="2">大会社</td><td></td><td></td><td></td><td></td></tr>
<tr><td rowspan="3">中会社</td><td>大</td><td></td><td></td><td>90%</td><td>10%</td></tr>
<tr><td>中</td><td></td><td></td><td>75%</td><td>25%</td></tr>
<tr><td>小</td><td></td><td></td><td>75%</td><td>25%</td></tr>
<tr><td colspan="2">小会社</td><td></td><td></td><td>50%</td><td>50%</td></tr>
</table>

す。そして③折衷方式を採用する場合には、①と②の組み合わせ割合が決められていて、その割合に基づいて評価しなければなりません。

今現役の社長さんも、自分の会社なんて中小企業だから大した評価ではない、まだまだ青二才の子供なんかには継がせない、株式を贈与なんかしたら勘違いする、などと思わずに、早い時期から会計士、税理士などの専門家に計算してもらい、計画的に贈与するなどの対策をとっておくことです。

特に会社が所有する不動産の評価額が高いと、株式の評価額に大きな影響を及ぼすことがあります。見かけに惑わされることなく、早い段階で自分が相続する会社の価値を知っておくことは極めて重要な相続対策となるのです。

戦後から今日に至るまで、日本経済の発展を支えてきた中小企業の多くが現在、二代目あるいは三代目に代替わりしつつあります。国内には家業ともいうべき、特殊な技術、伝統的な技能を持つような中小企業がたくさんあります。それが相続というイベントで事実上承継されなくなることを防ぐ意味で、国も対策に乗り出しました。

事業承継税制とよばれるもので、非上場株式等（法人の場合）や事業用資産（個人事業者の場合）を先代経営者から贈与または相続された場合、経営承継円滑化法に則って都道府県知事の認可を受ければ、贈与税、相続税の納付が、猶予または免除される制度もできました。また一般措置に加えて、有期限ではありますが様々な特例措置も講じられているので、専門家に相談などして確認しておくとよいでしょう。

非上場株式は、日ごろその価値をほとんど意識していないものですが、相続にあたっては意外な曲者です。最近では親の家業は継がない子供も増えていますが、親の会社を清算する場合の価値も含めて、あらかじめその資産価値を親子でよく確認しあっておくことが必要です。

シャッター通り商店街相続でおこること

地方都市に出かけるとよく遭遇するのがシャッター通り商店街です。昔は、地方都市でも人口が多く、工場や事務所に勤務する人たちが買い物をする場所として、雨に濡れずに買い物が楽しめるようにアーケードを施した商店街がありました。

　こうした商店街を今歩くと、ほとんどの店舗が営業をせずにシャッターを下ろしたままの状態にあり、夜中はもとより日中でもちょっと薄気味悪く感じられます。

　原因は地方都市の衰退と産業構造の変化、そして店舗経営者の高齢化です。かつては街の中心部には大きな工場や事業所があり、そこで働く従業者が大勢いました。工場で働く人たちは、まだ車などを持つ余裕はなく、なるべく勤務先である工場の近くのアパートや社員寮に居住しました。街の中心部は活気にあふれ、商店街は大いに繁盛したのです。

　しかし、多くの工場が海外などに移転、研究所などが残っていても従業員はわずか。車社会になって、街の中心部から離れて郊外に居住する人が増え、近隣にできる大型スーパーで買い物をするようになりました。また、店舗経営者が高齢になり、子供に引き継ぐことができず、そのうちにシャッターを下ろしたままになる、ざっと言ってこんな構図です。

　では商売がうまくいかず、さぞかし困っているだろうと想像するのは早計というものです。実は店主の多くはちっとも困っていないのです。

　というのも、彼らは年金生活に入っていて、息子や娘は都市部でサラリーマンになっています。店は開けていませんが、別に生活するには事欠かないのです。そして使用されなくなった店舗という不動産を持っていても、税制上優遇を受けていることが、優雅に構えている理由です。

シャッター通り商店街にある店舗の多くは所謂店舗付き住宅です。１階がお店で、２階以上を住宅として利用するといったものです。この店舗付き住宅は、固定資産税も、相続税においても通常の住宅地並みに優遇されています。

「住宅用地の課税標準の特例」という制度があり、通常の店舗であれば、住宅用に供している部分が２分の１以上あれば、固定資産税は小規模宅地と同じ６分の１に、都市計画税は３分の１に減額されます。また、相続時には小規模宅地等の特例により、住宅部分の特定居住用宅地等３３０㎡と店舗部分の特定事業用宅地等４００㎡までの合計７３０㎡については評価額が80%も減免されます。

今、シャッターを閉じ、商店街で暮らしている多くの店主は、年金も十分、子供はサラリーマンで独立、税金は安い、つまり困っていないのです。それどころか、ほかに家作（貸し家）などがあって不動産収入が潤沢に入ってくる人もいます。変に新しい事業をする意欲はないし、有効利用を考える、リニューアルをして他人に貸すのもリスクがあるからやめておこう、となるのです。

こうした何も困っていないシャッター通り商店街で生じ始めているのが二次相続です。相続する子供はすでに現地で生活はしていません。つまりこの店舗付き住宅を相続するということは、店舗を営んでいない土地と建物を相続するので、税制上の特典を得ることができなくなります。

自分はサラリーマンで東京や大阪の大都市に居住、今さら実家に戻って商売などできないし、やる気もありません。ただし、固定資産税は親が所有していた時のようなわけにはいかなくなります。では、いらないから売れるでしょうか。シャッター通り商店街の中の店舗を積極的に購入したいという人はほとんどいません。さてどうしたらよいのでしょうか。

実はシャッター通り商店街の存続は、「問題先送り商店街」がこうした時限爆弾を抱えているだけなのです。そしてこの店舗付き住宅を相続する人たちは、真剣にその活用手段を考えていかなければ、老朽化する店舗の管理と、毎年やってくる固定資産税通知書に悩まされることになるのです。かといって地方都市の衰退は日々進行していきます。大都市の市街地にある店舗なら、まだ商店街の所有者たちが土地を提供しあって新しい市街地再開発組合などを設立して、タワマンを建設してもらうなどの活用方法がありますが、地方都市になると新たな活用方法にも限りがあります。

店舗付き住宅で今後、頻発する相続は、何もシャッター通りの店舗だけではありません。二次相続の時点で課税されるかどうかはともかく、これを相続せざるを得ない店主の子供、孫世代が、残された店舗の取り扱いに悩まされる時代が到来していることを意味しているのです。

この問題の抜本的な解決策としては、自治体なども加わって、シャッター通り商店街をどのように再生していくかを真剣に考えることでしょう。例えば、再生するシャッター通り商店街に網掛けして、土地建物の権利を引き受ける再生ファンドを組成する。もう利用しなくなり、実際に住んでもいない所有者は、自身の持つ所有権をファンドに現物出資する。ファンドは細切れの所有権を中長期にわたって集め、ある程度まとまったところで、再開発を行うなど、エリア全体での有効利用を図っていかないと、やがては商店街ごとスラム街に変わってしまうことが危惧されます。

日本人の得意な「問題先送り」はほかの分野でもそうなのですが、いつまでも先送りできるわけがないのです。シャッター通り商店街の行く末は、現代日本社会の縮図ともいえるものなのです。

親も知らない山林相続

相続に際してあまり注目されないのが地方などにある山林です。しかしこれが結構厄介な相続財産なのです。山林の多くはあまり所有権移転が行われず、先祖から相続が起こるたびに代々、引き継がれてきました。林業が盛んだった時代には、山林は立木を伐採して売却すれば大きな収益が期待できました。ところが輸入材が主流になるにつれ、国産材は価値を落とし、林業を営んでいた人の多くは廃業し、山林はその経済価値を失っていきました。

山林は固定資産税評価額が低いため、相続しても気になるほどの税金にはなりません。ただ、場所が正確にわからない、測量をしていない、境界線が不明、その結果正確な面積が把握できないといった「よくわからない資産」となっています。

したがって面倒なので登記をしないというのが山林相続でみられる現象です。登記をしないと、登録免許税を払わずに済みますが、いざ山林を売却しようとしてもできません。でも山林はどうせ人気がないから売れないし、まあいいやと放置するのです。

また、山林相続では登記を行うだけでは手続きは不十分になりました。２０１２年４月より森林法が改正となり、山林を相続する際には、地元の市町村長に届け出をすることが義務付けられました。届け出は相続が発生してから90日以内。相続税申告は10か月以内ですから、非常に厳しいルールです。

ところで山林の相続税評価はどのように行われるのでしょうか。山林は大きく3つに分類されます。市街化区域から遠く離れた場所にある「純山林」、市街化区域内にある「市街地山林」、そしてその中間にある「中間山林」です。このうち純山林と中間山林については倍率方式が適用されます。倍率方式とは、当該山林の固定資産税評価額に、地域ごとに定める「倍率」を掛け算して評価額を算定するものです。市街地山林は、宅地比準方式または倍率方式が適用されます。宅地比準方式とは、1㎡当たりの宅地評価額から1㎡当たりの造成費用を引いた額に面積を掛けて算出します。ちなみに倍率方式が適用されるのは、路線価が付されない地域で、国税庁のホームページで自身の持つ山林の倍率を知ることができます。

山林の相続にあたってはよほどの面積を相続しない限り相続税の負担は大きくないのですが、敷地が確定しにくい、代々相続されているものの、登記はずっと前の先祖からされていないなどの理由で、きちんとした形の財産として継承されていないケースが多くあります。

この状態を放置し続けているのは得策とはいえません。登記を行っていないと、そもそも売却ができません。しかし登記をしていなくても、山林の管理義務は発生します。自然災害が頻発する最近の日本では、管理が不十分だと土砂崩れや落石などの大きな災害を引き起こすきっかけにならないとも限りません。固定資産税の不払いは、将来的にこの資産を相続する配偶者や子供に請求される恐れもあります。

これまでは登記をする際には、相続人全員の同意が必要でした。山林は長く一族の間で相続が繰り返されてきた結果、相続人の数もネズミ算式に膨らんでいます。さらに何代か前に遡って手続きをしなければならず、その負担は大きなものでした。遠い親戚など、会ったこともない、その親戚にさらに相続が起こっていれば、全員の同意をとっていくことなど事実上不可能でしょう。

しかし、第1章で先述したように、相続登記の義務化に伴って、相続人全員の同意がなくても単独で登記を行うことができるようになったので、この機会に山林資産を整理、整備しておくことが良いと思われます。

厄介なのは、山林は所有権が他者に移転することなく、流動化しない形で相続を繰り返していることです。家族間になると、他者から権利侵害を受ける可能性も低いため、登記をしない。親でさえ、なんで自分が山林を所有しているのか、どこまでを所有しているのか、権利関係（共有、区分所有）もわからない、「なんとなく」引き継いできた資産です。相続登記が義務化され、市町村長への届け出も義務化されたことは、今後の山林のあり方を大きく変えるきっかけになりそうです。

超高級住宅地相続の恐怖

「田園調布に家が建つ」。シルバー世代には懐かしい、漫才コンビの星セント・ルイスが１９８０年に流行らせた台詞です。このセリフに謳われるように、東京都大田区田園調布は、関西の芦屋と並んで、成功した富裕層の住む街として全国的に有名です。この街は、２０２１年に放映されたＮＨＫ大河ドラマ「青天を衝け」の主人公、渋沢栄一によって構想された街で、ロンドン郊外にある田園都市レッチワースを参考に、これを日本流にアレンジしたものと言われます。

　１９２３年８月から分譲された新しい街は、東京に通うエリートサラリーマンの街として脚光を浴びました。とりわけ同年に発生した関東大震災は、国分寺崖線による強固な地盤を持つこの住宅地の人気に拍車をかけました。また23年の東急目蒲線（現目黒線）の開通に続き、27年8月には東急東横線の駅も完成し、東京へのアクセスも向上しました。

この街は田園調布駅西側に、放射線状に広がる道路とこれらを繋ぐ同心円状の道路で構成され、敷地1区画を広く確保して広場や公園を配置し、イチョウをはじめとした豊かな街路樹が施されています。

こうした街並みが人気を博し、価格も高騰。企業経営者や文化人、スポーツ選手などが次々と家を構えたことから、人生の成功者が住む街として、冒頭の漫才ネタにも登場する街となったのです。

2021年の公示地価では、この街の平均価格は坪当たり239万円。現在販売されている中古住宅価格は、2億円から9億円の値段がついています。まさに人々の憧れの街という代名詞を彷彿とさせるにふさわしいものがあります。

しかしこの街でも今、相続が大問題となっています。相続評価に使う路線価は、たとえば公示地価の8割として坪当たり191万円。土地が100坪あれば評価額はなんと1億9100万円になってしまいます。一次相続はまだしも、二次相続になると、納税用によほどのお金を持っていないと、田園調布の家を手放さざるを得なくなります。

売却してでも税金が払えればよいのですが、ここに立ちはだかるのが、このエリアに存在する建築協定です。この街は、第1種低層住居専用地域にありますが、土地の最低区画面積が１６５㎡（50坪）と定められているため、小規模に分割して販売することができません。たとえば３００㎡の土地がある家を相続した相続人がこれを分割して売却しようとしても、分けられたどちらかの土地は協定以下の面積になってしまうために分割ができません。

更地にして売却するにしても、販売価格が数億円になってしまうために、なかなかマーケットでは売れません。さらに協定では、建物の高さ制限（９ｍ）や生垣などの整備、緑化や既存樹木の保護、ワンルーム住戸の禁止など、田園都市を標榜するがゆえに整備した数々のルールが、不動産の活用を妨げるという皮肉な現象をもたらしています。

これら建築協定は、田園調布に限った話ではありません。全国の優良な住宅地には様々な建築協定があり、開発当初の理念を住民全体で継承していこうという熱い思いがあります。ところが、高級住宅地の地位を保ち続けてきたがゆえに、そのルールが資産を受け継ぐ子供や孫の代になると、相続税負担に耐えられない原因の一つになっています。

そのため、田園調布などの高級住宅地の遺産を継承するために、当該土地を担保にして資金を調達して、別の土地に賃貸マンションやアパートを建設し、そこから得られる収入で相続税を支払っていくなどの対策がとられるようになっています。しかし、継承することだけが目的で借金をするのも、なんだか本末転倒な話にも聞こえます。

もちろん、優良な資産が代々、同じ家だけに継承されるべきではありませんし、相続税を課す理由の一つに、世の中で財産を平準化していこうという発想があることは大切にしていかなければなりません。しかし、建築協定が邪魔して売却できない、その結果、相続税が支払えないなどという事態が発生することを、果たしてこの街を構想した渋沢栄一は想定していたのでしょうか。

田園調布に家をもったばかりにその代償を相続の時に思い切り受けてしまう。超高級住宅地の相続は実に恐ろしいものなのです。

遺言でもらった不動産

相続はある日突然やってきます。人の死は誰にも決められないものだからです。そして遺産を承継する相続人にとって、被相続人のどの遺産を相続するかは非常に重要なこととなります。

相続人にもいろいろな思惑があります。なるべく現金が欲しい、父親が持っている賃貸マンションは俺のもの、田舎にある家はどうしても相続したくない、などなど。

ただ相続にはある厳然としたルールがあります。遺言書です。被相続人となる人が、できれば生前にきちんとした形で遺言書を認《したた》めておくことは、後に相続人同士の争いを少なくするうえでも非常に重要なことです。

遺言書を書くにあたっては、弁護士や司法書士などの専門家に作成してもらうこともできますが、自分で作成するのもそれほど難しいことではありません。

まず財産目録を作成し、財産の相続先を指名します。よく法定相続があるからその分は相続させなければと考えがちですが、配偶者や子供への相続では、法定相続分の半分の遺留分のみを残さなければならないだけで、あとは自身がよかれ、と思う先に相続が可能です。

遺言書では遺言の執行者を決めることもできますが、開封を家庭裁判所で行えば、特に執行者を指名しなくとも有効に執行されます。

遺言書を残さないと、相続人の間で遺産分割協議になります。あらかじめ、自身の遺産を誰にどういった形で相続させるか考えているならば、遺産分割協議で相続人である家族たちが大紛糾することを避けるため、遺言書を残しておくことが賢明と言えましょう。

ところが、最近は、この遺言書により執行された相続で、思わぬ不動産をつかまされることになる事例が増えています。特に多いのが、昭和時代の発想で、地方の実家は長男に譲り、都内のマンションは次男に、残りの現金は長女になどというものです。財産を残す親として、どの子供に何の資産を承継させるのか、指定するのはもちろん自由なのですが、管理や処分に苦しむことが予想される地方の実家を引き継ぐ長男には不満が残ります。

私が実際に相談を受けた事例をご紹介しましょう。相談に訪れたのは東京郊外の約４００坪の土地を相続した三姉妹です。彼女たちの親は古くからの農家。相続にあたっては、農地を宅地に転換し、現金、有価証券とともに3人の娘に相続させました。被相続人にあたる父親は詳細な財産目録を作成し、これを遺言書に添付。姉妹にそれぞれの資産の相続をさせることが書き込まれており、相続は滞りなく手続きされました。

活用方法の相談を受けた土地は、主要国道に面し、最寄り駅からも徒歩10分以内。等価交換方式という事業方式を用いて、分譲・賃貸マンションを企画しました。等価交換方式とは土地の時価を評価して、建物をデベロッパーが建設、デベロッパーが負担する建設費用とオーナーが持つ土地評価額を等価で交換することで、土地と建物を互いにシェアするものです。オーナーは土地代相当の金額分の土地と建物をシェアできるので、その分を賃貸資産として運用でき、デベロッパーは建設費用相当分の住戸を一般に分譲することで利益をあげることができます。

最初の作業が姉妹の持つ土地の評価です。公図、謄本を徴求して驚きました。土地が区分所有になっていたのです。しかも、土地の一番奥から長女、次女、三女と三等分されています。国道に面しているのは三女の持ち分の土地です。

さて困りました。各人の土地の評価をする際に、3人の持つそれぞれの土地は評価が全く異なるのです。評価が異なれば、出来上がったマンションで三姉妹が所有できる部屋の数は当然異なります。国道に面する三女の土地を最も高く評価。一番奥になる長女の土地は、道路に面していないために評価は著しく低いものとなったのです。

怒鳴りこんできたのは長女。三姉妹で等分に相続したはずなのに、なぜ三女が高評価なのだと収まりません。おそらく父親は、三姉妹に等分に相続させることを前提に遺言書を記したと思われるのですが、きれいに三等分に分筆して区分所有にしてしまったのです。こればかりはどうにもなりません。

三女はにんまり。次女は外国居住でそもそもどうでもよい、という態度。つくづく、遺言書を書くにあたっては、不動産のことをよく勉強しておかないと、相続する子供たちにいらぬ対立を招くこととなると痛感した出来事でした。

これからの相続では、遺言書がなく、遺産分割協議になる場合、今まで以上に慎重になる必要があります。本章で述べてきたように、地方の実家、流動性を失った郊外ニュータウンの戸建て住宅、老朽化したマンション、別荘やリゾマン、借金まみれの中小ビル、シャッター通り商店街に残された店舗付き住宅、正確な場所も判然としない山林、売るに売れない高級住宅地など、漫然と相続してしまうと後に大変な苦労を背負いこむことになります。

現金や有価証券は金額もはっきりしていてわかりやすい資産ですが、不動産についてはどれだけの価値を持っているか、意外とわかっていない人が多いように思えます。特に昭和・平成の価値観で、とにかく不動産は持っていれば価値がある、最後は売れば換金できるはず、などと思っていると、痛い目に遭います。これからの日本では、売却という「出口」を見失っていく不動産が大量に発生する可能性が高いのです。

相続させる親のほうは、不動産を今後どうしていきたいのか、誰に譲れば資産として生かされていくのかを考え、必要のない不動産は相続前に換金しておくなどの処置をしておくことです。また相続人も、親の持つ資産をどのような考えで承継するのか、マーケットも含めて事前によく勉強しておくことです。くれぐれももらった不動産でいらぬ苦労をしないように。

第4章　おひとりさまの相続

配偶者も子もいないおひとりさまの相続

相続というと、子供や孫に財産を承継することが基本でした。ところが最近は生涯独身でいる、または夫婦でも子供がいない、あるいは自分たちの意思として持たない人たちが増えています。

厚生労働省「国民生活基礎調査」（2019年）によると国内総世帯数5178万5千世帯のうち、単身者世帯（調査では「単独世帯」）は1490万7千世帯、全体に占める割合は28・8％になっています。これは夫婦と未婚の子供がいる世帯数1471万8千世帯を上回る数です。これまで長い間、夫婦と未婚の子供2人というのが標準世帯とされてきましたが、今や主流はまさに「おひとりさま」なのです。

おひとりさまというと、若い独身男女と考えるのは昭和・平成時代の常識からみた誤った考えです。実に単身者世帯の約半数、736万9千世帯が、65歳以上が世帯主である所謂「高齢単身者世帯」です。これは全世帯数の14・2％にあたります。日本中の家をノックすると、7軒に1軒はおひとりさま高齢者がどれどれ、といって顔を出す状態にあるのです。

約30年前である１９８９年、高齢単身者世帯数は１５９万２千世帯にすぎませんでした。30年間でその数はおよそ４・６倍に膨れ上がっています。

高齢単身者世帯の多くでこれから相続が発生していくことは自明です。そして今後問題となっていくのが、この高齢単身者世帯で起こる相続のうちかなりのケースで、子供がいない相続が発生しそうだということです。

２０２０年に行われた国勢調査による、15歳以上を対象とした配偶関係別人口をみると、未婚者数は男女あわせて３２７９万人、なんと対象人口の29・５％がおひとりさまであることがわかります。もちろん15歳から20歳代までは結婚をしない人が大半です。これを年齢別で30歳以上の未婚率を見てみましょう。図14・15は男女の年齢別（５歳刻み）にみた未婚率の推移です。

40歳代でみると男性の３割、女性の２割が未婚です。しかしもっと注目されるのが30歳から34歳で、男性は約半数、女性でも４割近くが未婚であることです。約40年前に遡った１９８０年では同年齢層で男性の未婚率は21・５％、女性は９・１％。男性はもちろん女性が結婚しなくなっていることは数値上からも明らかです。

この40年間で一方的な右肩上がりになっている未婚率の上昇は、今後さらにおひとりさ

図 14　日本人男性未婚率推移

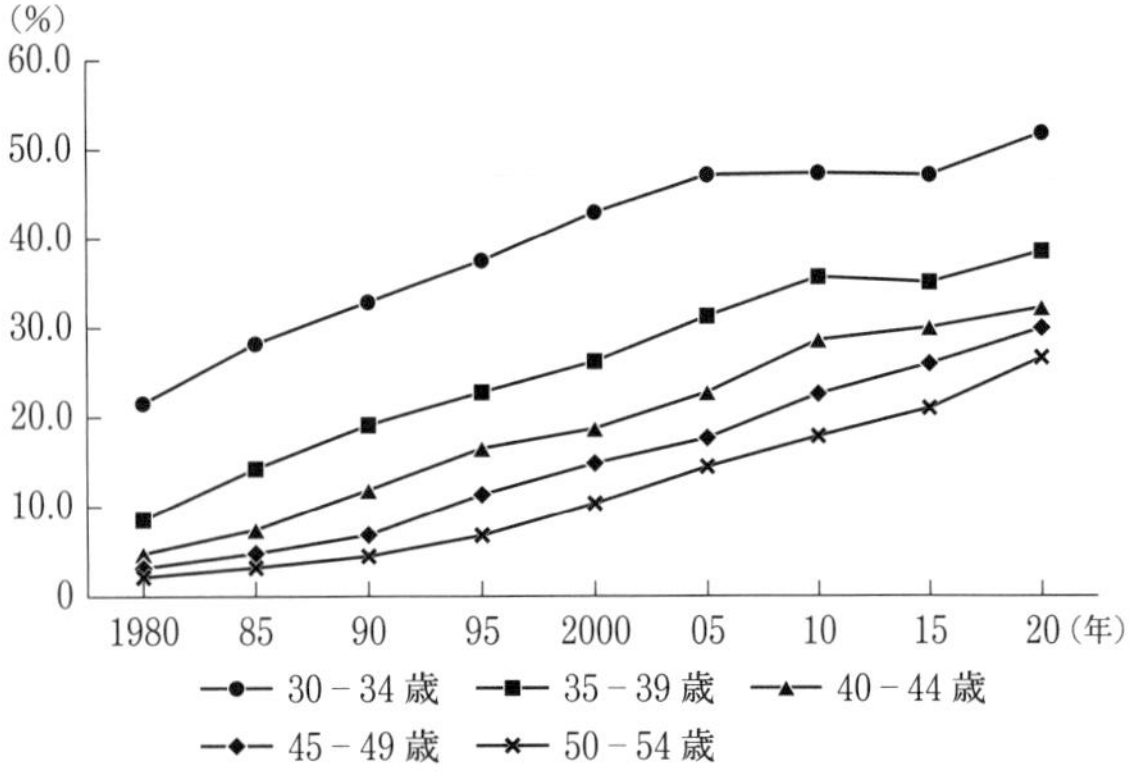

図 15　日本人女性未婚率推移

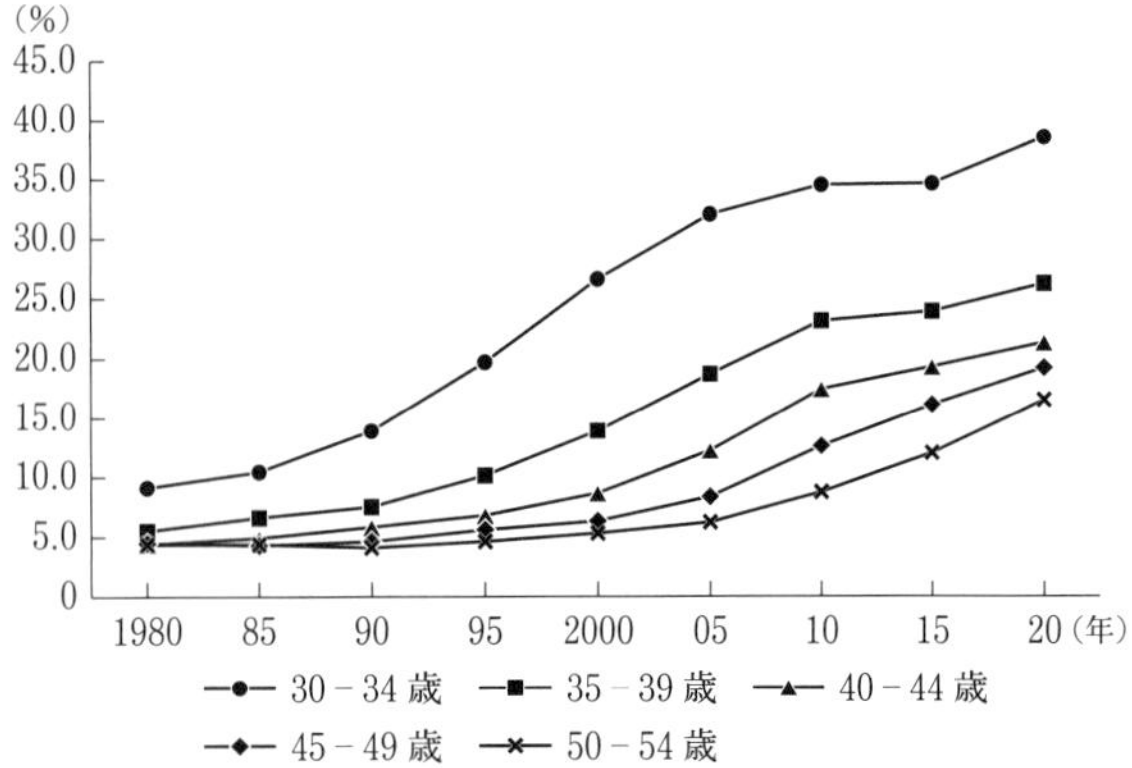

出所：2020 年国勢調査

ま相続が増えていくことを示しています。

さらに現代では結婚しても子供ができない、あるいは子供を持たない夫婦も多くなっています。こうした世帯でも今後、夫婦のうちの片方が亡くなると二次相続の段階でおひとりさま相続が発生することになります。

世の中に出ている相続関係の本はそのほとんどが子供、あるいは孫に相続することを前提にしていますが、これから喫緊の課題となるのが、相続する子供がいない「おひとりさま相続」なのです。

おひとりさまの相続人は誰？

おひとりさま相続の対象となる人は、独身で子供がいない方、そして結婚はしたものの子供がいない夫婦で死別や離別などによって単身者になっている方です。

自分は独身で、相続する相手もいないのだし、気楽に過ごしてお金は使い果たし、自分の住んでいるマンションも、死んだら国か自治体のものになるのだろう、くらいにしか考えていない方が多いようですが、まず真剣に、本当に自分の財産を相続する人がいないのかどうかを考えてみましょう。

子供がいない場合の相続を考えます。まず親が健在であれば親が法定相続人になります。親が他界していても、あまりないケースですが祖父母が存命ならば祖父母が対象となります。親にとっては子供が自分よりも先に亡くなるのはつらいことですが、法律上では子供の財産を相続することになります。

父母も祖父母も亡くなっていても、兄弟姉妹がいれば彼らが法定相続人となります。兄弟姉妹であれば、何人いても相続対象となるのです。また兄弟姉妹のうちだれかがすでに亡くなっていても、その子供、つまり甥や姪がいれば、今度は彼ら彼女らが相続対象となります。さてややこしいことになってきました。

おひとりさまだからといっても相続問題から離れられないのです。まだあまりこうした相続形態が世の中の主流にはなっていませんが、その予備軍が大量に控えているのが、令和時代の相続です。

特に年齢を重ねてくると兄弟姉妹との交流も少なくなりがちです。甥や姪とは会ったことがないという場合もあります。あらかじめ、自身の財産の相続権が誰にあるのかについてはよく認識しておくことが求められます。

最近では結婚していなくても、同居しているパートナーがいるケースも多いです。なんだか疎遠になった兄弟姉妹に財産が引き継がれるくらいなら、パートナーに財産をすべて相続させたいという人もいるでしょう。しかし法律上は、どんなに長期間にわたってパートナー関係を築いていても、パートナーが相続する権利はありません。したがって長年連れ添ったパートナーが相続発生後に相手の財産を相続したい場合には、家庭裁判所に申請して特別縁故者に認定してもらう必要があります。

特別縁故者に認定されるには、事実上配偶者として考えられるような、長年にわたる内縁関係がある、介護や看護で特別な貢献をしていた、などといった事実が認められることが必要です。

また家庭裁判所への請求は、相続人が不在であることが確定してから3か月以内、被相続人が亡くなってから1年以内という制約があります。

おひとりさま資産をめぐるトラブル

最近増え始めているおひとりさま相続ですが、被相続人が後のことを考えずに亡くなると、思わぬトラブルが発生します。

まず、親しい人がいない場合、彼や彼女がいったいどれくらいの財産、あるいは借入金を持っているかがわかりません。財産の内容を把握し、これを取りまとめる役割の人がいないと、まずここでトラブルが発生します。

銀行預貯金くらいならまだしも、生命保険、有価証券、投資として所有していたワンルームマンション、投資のために調達したローン残債、などなどすべてを把握する必要があります。中には隠し預金や登記されていない不動産などもあり、いきなり登場した相続人ではその全容をつかむことが難しいです。相続財産の全体像がわからなければ、遺産分割協議も進められません。

おひとりさまは結構、独自の趣味に拘っていて、部屋を自分の好きなグッズなどで一杯にしていたりもします。家じまいだけでも一苦労です。

法定相続人である兄弟姉妹が現れても、先述したように疎遠になっていたり、必ずしも仲がよくなかったりします。家じまいを誰がやるかでも兄弟姉妹でもめごとになりがちです。高齢な兄弟姉妹になってくれば、認知症になっているケースもあります。この場合には後見人などを指定する必要があります。亡くなっていれば、甥や姪まで登場してきます。ますます混迷を深めます。

グローバル社会を反映して、兄弟姉妹の中には海外在住の人もいます。皆が一堂に集まって遺産分割協議をやり、全員が納得して遺産分割協議書にサインするまで途方もない苦労となります。

そして遺産分割協議においては兄弟姉妹間で争い勃発です。長男が死亡したケースなら現金や預貯金だけが欲しいと主張する長女、父親から相続していた彼らの実家なんていらないと主張する次男など大混乱です。

ここで登場するのが、被相続人が長年連れ添ってきたパートナーです。パートナーも突然出てきて遺産分割を始める兄弟姉妹をモヤモヤした気持ちで眺めているかもしれません。彼らのうちのひとりでも、

「でも彼女も長い間連れ添ってくれたのだから少し分けてあげれば」

などと発言しようものなら混乱に拍車をかけることになります。

つまり、おひとりさまは自分の死後にこうした無用な混乱、トラブルを招かないように、事前に対策をたてておく必要があるのです。

おひとりさま相続対策

おひとりさまがまず自覚することは、自分が亡くなった場合、相続する可能性がある相

続人（法定相続人）がいるのかどうかを把握することです。

相続人が誰もおらず、自分が相続させたい人も見当たらない場合、じたばたする必要はありません。遺産はすべて国庫に納付されます。

たとえばパートナーに自分の財産を渡したい、お世話になった特別な人に自分の意思として財産を相続させたい、兄弟姉妹の中で特に仲が良かったひとりにたくさん財産を引き継ぎたいなどといった希望がある場合には、このことを記載した遺言書を作成することです。

特にパートナーに渡したい場合、遺言書を残しておかないと、相続が起こってもパートナーには法定相続分がありませんので、特別縁故者の申請をしなければなりません。ただ、この特別縁故者になるためには結構ハードルが高く、認められないケースが多いです。

ところが、遺言書に、ルールに則り記載しておけば、パートナーは財産の一部を相続することが可能になります。また遺言書には財産目録を記載しますので、財産のありかをめぐって混乱することもありません。

法定相続人には遺留分があるため、すべてをパートナーやお世話になった人に相続させることは叶いませんが、自身の意向を十分に反映させることができるでしょう。なお、兄弟姉妹、甥、姪になると遺留分はありません。

遺言書の作成をはじめ、相続にかかわる一連の手続きが億劫になっている人も多いかと思います。また、遺言書は定められたフォーマットどおりに、基本的には自筆で作成をしなければなりません。多少の費用はかかりますが、公正証書遺言を活用する方法もあります。

体力的な不安や、また認知症の心配もある場合には早めに任意後見人を定めておくことも考えておくとよいです。後見人は自分が全幅の信頼を置いている人にお願いしてもよいですし、弁護士や司法書士といったプロの方を選任しておくと、後々の財産処分や相続税対策の事前実施などにも役立ちます。

おひとりさま相続の悩みは、これからの日本社会に確実に起こってくる問題です。でも考え方を変えれば、昔と異なり少子化社会では、自分が本当に財産を相続させたい人を、遺言書でしっかりと定めることがしやすい時代になったとも言えます。相続人が大勢いると財産が分散してしまいますが、相続人が少ない、あるいは存在しないようなケースが増える現代日本では、財産を本当に譲りたい人に喜んで相続させるチャンスの多い社会の到来ともいえるのです。

生前に十分に考えたうえで、トラブルのないおひとりさま相続を行いたいものです。

第5章　「負の相続」にならないために

絶対にやるべき親子会議

相続は、実際に起こるまで、被相続人（例えば親）も相続人（例えば子）も、自分からはなかなか切り出しにくい話題です。しかし、事前に何の話し合いもなく相続が発生すると、亡くなってしまう親はともかく、相続する子が、どうしてよいかわからずにおたおたするというのが実情です。

事例を紹介しましょう。東京の郊外にお住まいのAさんは、代々農業をやってきました。Aさんは高校卒業後、しばらく都内の会社に勤めていたのですが、父親の相続を機に農業を継ぎ、野菜や果物を作ってきました。齢85。広大な農地は生産緑地に登録しているため、固定資産税等は減免されていますが、そろそろ相続が心配です。子は55歳の長男が一人。都内に勤務するサラリーマンで、彼には農業を継ぐ意思はありません。

まずは農協に相談したところ、資産税に強い税理士を紹介されました。彼がアドバイスするには、農地が宅地化されると膨大な額の相続税が課せられるので、対策が必要。所有している農地に賃貸アパートを建てても、効果はしれているし、だいいち農地があるところは宅地とはいえ、賃貸需要があまり見込めない。であるならば、都内一等地にある中古の賃貸マンションに一棟丸ごと投資してみたらどうか、というものでした。借金をすれば節税効果も高いことに満足したAさんは、農協で多額のローンを組んで、不動産会社が紹介してきた物件を買うことにしました。

　ところが税理士からは、

「息子さんもすでに55歳。また相続対策を考えなくてはならなくなるので、長男さんのお子さん（Aさんの孫、21歳）を養子にして、相続させましょう」

　と提案してきました。たしかに節税という意味では孫を養子にしてしまえば、一代をスキップできます。ただ、孫がこのことを知れば、世の中甘く見て、人生を踏み外すのではないかと心配になりました。そこで、長男と相談のうえ、孫には詳細は知らせず、ただ契約書にだけサインするように仕向けました。何も知らないお孫さんは、おじいちゃんのため、という言葉を信じてローンの連帯保証人になりました。

　賃貸マンションを取得して5年後に相続が発生。マンションは無事、お孫さんに相続されました。ところがこのマンション、築年が古いうえに管理が悪く、不逞の輩が棲みつき、ほかの賃借人が怖がって逃げ出すようになり、賃料収入が安定しません。

　投資を強く勧めた税理士は、「私は不動産のことはちょっとわかりません」と逃げ回り、不動産会社は「うちに瑕疵はありません」と開き直る。どうにもなりません。長男は「目の前の対策ばかりに気を取られ、家族内でちゃんとどのように資産を継承していくのか、理念のようなものが共有できなかった」と嘆きました。大借金を背負ったお孫さんも、このおじいちゃんが残していったマンションが一体何のためだったのか、大いなる不信感と多額の借金の前に呆然とするだけでした。この話、結果として農地の大半を売却できたことで、最終的には借入金も返済でき、マンションは二束三文で売り渡すことで難を逃れましたが、せっかく守ろうとした財産はいくばくかのお金に換わっただけになりました。Aさん、長男、そして孫の間に全く意思疎通がないまま、目の前の対策だけに目を奪われた結果、引き起こした悲劇だったといえます。

　相続という、あまり考えたくはないものの、家族にとっては非常に大きな問題について、家族同士で状況を共有化し、財産をどのように引き継いでいくか、その方向性を定めていくことは非常に重要なことです。ところが、それを親だけの想い、例えば節税したいという理由だけで勝手に行動する、周辺でちょっと甘いささやきがあるとその話に安易に乗ってしまう、など相続に関して家族間で何も話し合いが行われないのは、とても残念なことです。

ようやく会議が開催されるのは親が亡くなった後の遺産分割協議です。この段になると、子供だけでなく子供の配偶者までが参戦して、収拾がつかなくなります。表面上は仲良さそうにしていても、相続となって目の前にお金が登場すると、人は本能を剥き出しにします。こうした修羅場を迎える前、つまり相続が発生する前に、親と子の間で相続について取り決めをしておくことが大事です。

最近は親が長生きになっていますが、そのぶん認知症などを患ってしまうと、話し合いはできなくなってしまいます。なるべく早い段階で親子会議を開催することが必要です。まず、呼びかけるのはもちろん親です。子から提案すれば、ほかの兄弟姉妹から財産目当てだなどと疑われます。時期は全員が集まりやすい盆や暮れ、ゴールデンウィークなどがよいでしょう。会議には子の配偶者は入れません。全く違う角度からの争いが勃発する可能性が高いからです。

親は事前に自身の財産について、すべて棚卸をして簡単な目録を作成、特に賃貸資産などがある場合は契約の内容、賃料条件などを記載しておくとよいです。最近はデジタル通貨のような、ネット上での取引も多くなっています。ゴルフ会員権なども意外と家族はその存在に気づいていないものです。借金がある場合は、マイナス資産となりますので、借金がどの資産と結びついているのか、またその資産、例えば不動産がどれだけの価値があるのかを伝えておくとよいでしょう。借金は相続開始後3か月が経過すると相続放棄できなくなりますので、早めにその存在をあきらかにしておくことです。ちなみに借金やいらない不動産があったら相続放棄してしまえば、と考えがちですが、相続放棄をすると、預貯金などすべての財産の相続を放棄することになります。相続に関する権利をすべて放棄することになりますので、自分の子供や孫（代襲相続人）に権利が移転することもなくなります。

ただ、相続人である子供全員が相続放棄すると、直系尊属である父母が相続人となります。父母が拒否すると兄弟姉妹が相続人となりますので注意が必要です。

また介護についてもある程度取り決めをしておいたほうがよいでしょう。どのような状態になったら施設に入所するか、その場合はどの程度のグレードのところにするかなど、具体的に希望を伝えておくと子供が苦労しません。

家の片づけ、断捨離は、元気なうちに親が自分の手でやっておくことです。老老相続などに直面すると、すでに高齢者になった子供にとっては大変な重労働です。必要なものだけを残し、あとはきれいさっぱり。なかなか「言うは易く行うは難し」ですが準備しておきたいものです。

意外と子供が知らないのが、親が付き合っている人間関係です。最近は親戚筋なども昔のように密な付き合いがありません。葬儀のときなどに突然現れて誰だかわからない、葬儀をお伝えすべき人に伝えていなかった、などという失礼なことのないようにしたいものです。また、親だけが付き合っている医者、弁護士、税理士、ファイナンシャル・プランナーなどの連絡先を知る、できれば一度会っておくと相続時などに慌てずに済みます。

会議はなかなか一度では方向性が定まらないかもしれません。一度話し合って互いに持ち帰り後日あらためて話す。特に争いになりそうな部分、介護は誰がやる、現預金はどうする、不動産は、などそれぞれが一度冷静になって考え、家族全体の指針、方向性を一つにしていくことが必要でしょう。親子会議は家族にとって必須の会議なのです。

家族信託のメリット・デメリット

最近「家族信託」なる言葉が新聞や雑誌、テレビなどで取り上げられています。家族信託は、高齢化社会になった日本で、自分が認知症などを患って財産管理などで正常な判断ができなくなった場合に備えて、あらかじめ家族に自分の財産を管理する権限を与えておく制度です。

遺言書を書くのも億劫だし、3人の子供のうち長女はしっかりしているので、自分が判断能力を失っても長女が財産についての管理や処分をしてくれるのだったら安心、などというケースには、家族信託は極めて使い勝手の良い方式です。

具体的には親が委託者となって、自らが所有する預貯金や不動産の取り扱いを、受託者（例えば長女）に委託します。受託者は預貯金や不動産の運用であげた収益を、あらかじめ定めた受益者（委託者である親がなる場合が多いです）に渡します。受託者は、委託者から財産を譲ってもらったわけではなく、あくまでも運用や管理を受託しているだけで、自由に運用や管理業務が行える半面、法律上の「善管注意義務」「忠実義務」「分別管理義務」などの義務を負います。

この仕組みの使い勝手が良いのは、親が認知症になると、通常は預貯金の引き出しや不動産の売却などができなくなってしまいますが、家族信託を行っていれば、受託者が判断してそれらの業務を行うことができることにあります。

家族信託をしていない場合、通常は任意後見人を元気なうちにあらかじめ選定しておく必要があります。しかし、後見人が赤の他人であること、実際に管理、処分などの業務が行えるのは認知症などを発症して判断能力を失った後であること、任意後見人の財産管理は裁判所の管理下での財産保全が求められることなどから、大きな判断を伴うようなリスクのある運用や処分ができないなどのデメリットがあります。

家族信託であれば、契約締結後から、委託者がまだ元気なうちでも、受託者による管理や運用がスタートしますので、委託者から見ても運用状況をつぶさに観察でき、安心です。また後見人を指名すれば報酬が必要となりますが、家族であれば気にする必要がないでしょう。もし認知症になった時も、相続対策としての不動産投資など積極的な対策も取りやすくなります。

また遺言書ではできない、いくつかのメリットがあります。通常の相続では一次相続の段階で二次相続について相続先を規定できませんが、家族信託では可能となっています。不動産を共有で相続させても、管理処分権限を受託者一人にしておけば、受託者の判断で、共有不動産の管理や処分が可能になります。

家族信託は、高齢化が進む日本社会にあって、財産の管理や処分を相続するはずの子らが、親がまだ元気なうちからあらかじめ関わっていくことで、将来認知症を発症して判断能力がなくなった時でも、合理的な判断で財産を管理、運用できるという画期的なものです。
しかしいっぽうで、果たして相続を予定している家族の中で、誰が受託者になるにふさわしいかについては、あくまでも家族内協議に委ねられています。いくら所有権が移転するわけではないと言っても、兄弟姉妹の中でいつも信頼を勝ち得ている人がいるとは限りません。受託した長男が、認知症になった親に代わってリスクの高い資産を運用して大きな損失を被る、悪徳不動産屋に騙されて、大事な不動産をとられてしまう、などの不安も生じてきます。思わぬきょうだい喧嘩が勃発しないとも限りません。

家族信託を行うにしても、事前の家族会議は非常に重要なものです。そして何よりも大事なのは、被相続人である親が、自身の財産をどのように活用し、相続人である子らにどのように承継したいのかをしっかりと伝えることだと思います。

財産はお金という、いわば金額で表象されるものになっていますが、その財産を築くために自分がどれだけの苦労をしたのか、あるいは自分たちのご先祖様がどのようにして築き上げてきたのか、承継する子らに伝えるべきなのです。子らも、目の前にある金額や不動産のような形だけに惑わされるのではなく、その財産が形成された背後にある人生に思いを馳せることです。

そうした意味で、遺産を相続するということは、これを築いてきた一族の歴史を知ることにもなります。親はぜひ自身の言葉で家族の歴史を語り、人生において何が重要で、その結晶としての財産であること、あるいはそれが借金であったとしても、なぜ借金が存在するのかも含めて、語ることが重要なのです。

そのうえで家族信託は相続人を代表して委託する、そして委託することの重大さを認識させて任せることです。家族全員がそれを認識、納得した上で家族信託を締結するのであれば、認知症を発症しても、家族の誰もが戸惑うことなく、財産を守り、承継することができるでしょう。

資産になる不動産、ならない不動産を見極める

相続にあたっては、資産を相続させる被相続人（例えば親）とこれを受け取る相続人（例えば子）の間で、事前に資産の内容をよくチェックしておくことが大切といっても、現預金や上場有価証券、保険などは、金額を把握しやすいのですが、やっかいなのが不動産です。

資産価値が見込める不動産ならば、これを自らの住居としてもよいし、他者に賃貸して

賃貸料を受け取ることもできます。相続の際には、不動産について土地は路線価評価額、建物は固定資産税評価額で評価されるため、時価よりも安く評価されています。したがって相続するにあたっては額面以下の評価額で受け取れるはずなので、「とってもお得」というのがこれまでの概念でした。

しかし、ここまで述べてきたように、これはすべての不動産について利用価値がある、あるいは利用しなくても所有さえしていれば勝手に価値が上がる、そしていざ売却するときには確実に買い手が存在する、ということが前提条件になっていました。ところが最近では地価が下がる、利用者がいない、そして売却しようにも買い手がいない、という不動産が頻出しています。それどころか、毎年確実に請求される固定資産税、場所によりますが都市計画税の負担。空き家の管理。敷地内の草木の剪定、お隣さんなど近隣住民との人間関係など、不動産は所有しているだけで多くの金銭的、精神的および肉体的負担を伴うものになっています。よほどよいことがないと、そのまま所有していることにあまりメリットはありません。

では、残して相続したほうがよい不動産、つまり資産性のある不動産と、相続前に処分しておいたほうがよさそうな不動産をどのように見極めたらよいのでしょうか。土地と建物に分けて考えてみましょう。

① 資産性のある土地とは

土地を見る際にはいくつかポイントがあります。素人の方はすぐに最寄りの駅がどこで、駅から何分だとか、高速道路や幹線道路から近いとか交通アクセスを考えがちです。たしかに交通の要素も大事なポイントではありますが、相続財産として価値があるかないかは、もう少し不動産自体をよく調査する必要があります。

私が戸建て住宅などを見るときに最も重視するのが、道路との接道状況です。これは土地を見る際の基本、「いろはのい」です。建築基準法では、建物を建築する際には、「幅員４ｍ以上の道路に２ｍ以上接していなければ、新たに建物を建築することはできない」とされています。

つまり、この条件を満たしていない家などを相続してしまうと、自分で使う、あるいは賃貸し続ける分にはよいのですが、これを老朽化したからと言って建て替えることはできません。ということは売却しようにも、買った人が新たに建物を建築することができませんので、その点が嫌われて売却できないリスクが極めて高いということになります。

図16　建築基準法第43条に定める接道要件
4m以上の道路に2m以上の接道が必要

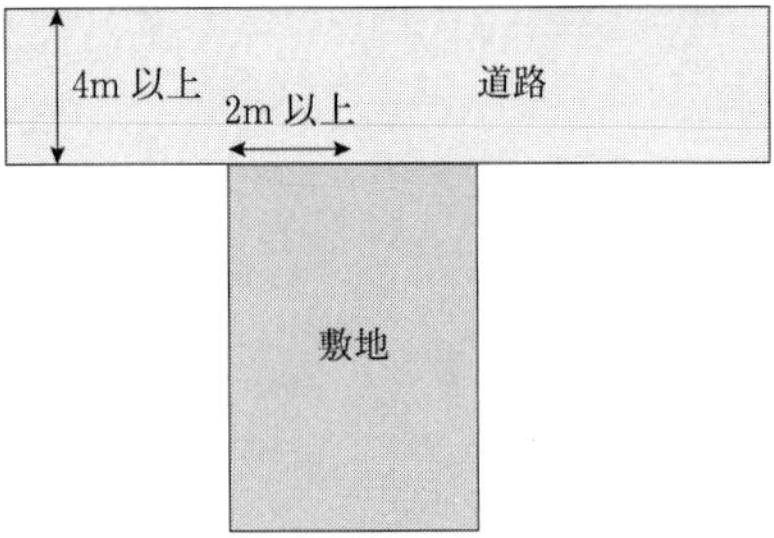

図17　建築基準法第43条に定める接道要件
接道要件を満たさずセットバックする場合

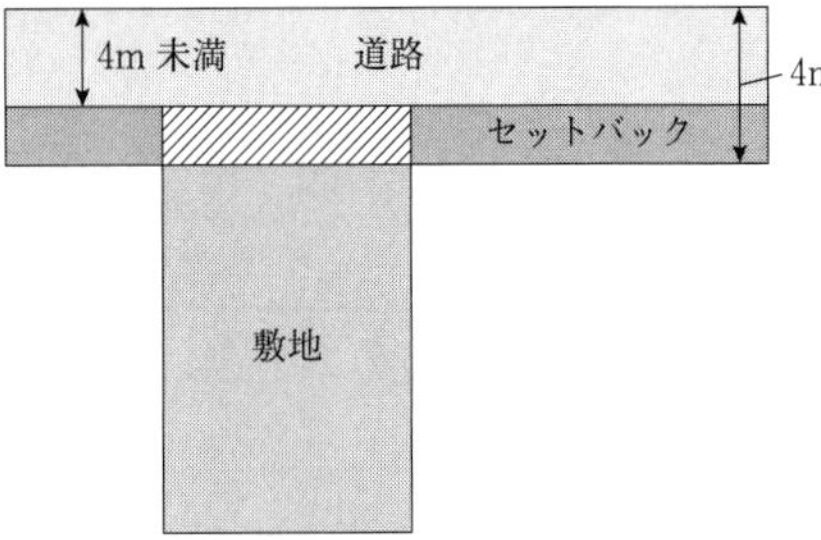

道路に2m以上接していても、接している道路が4mの幅員を確保できていないと、建て替えの際に、前面の道路が幅員で4m確保できるように敷地を後退（これをセットバックといいます）させて建築する必要があります。つまりセットバック部分だけ土地は実質的には自分のものにはならないということです。

地形（ジガタチ）も重要です。なるべく整形のものがよいです。その理由のひとつとして、ある程度広い面積になると、売却する際、土地代が高すぎて分割しないと売りにくくなります。分割するためには、そうです、道路に2m以上接することが必要ですから、整形のもののほうが分割しやすいですよね。

日当たりなどを考えて方角も重要です。日本では南西向きの土地が好まれます。周辺環境も大切なポイントの一つです。周辺にパチンコ店などの遊技場、葬祭場、ごみ焼却施設、排煙や音の出る工場などがある不動産は敬遠されがちです。長く所有しても資産価値の向上は限定的でしょう。

また将来的な売却を見据えて、相続が発生する前にお隣さんの敷地との境界を確定しておくことをおすすめします。相続発生後ですと、相続人が意外と隣人を知らないといったケースが増えています。人間関係がある先代の間に境界を確定する、越境物など将来トラブルになりそうな事象を解決しておくことは、スムースな相続を実現するための親の務めともいえましょう。

② 資産性のある建物とは

建物付きで相続する場合は、相続時までになるべく断捨離をして、家財道具を片付けておくことです。特にタンスや食器棚のような大型の家具を撤去しようと動かすと、壁が傷んでいたり、カビが密生していたり、思わぬ状況に遭遇するものです。

相続後に相続人が住むにしろ、賃貸に出すにしろ、いずれにしてもまず家の中を整理して補修すべき箇所を確認することです。内装ばかりに目が行きがちですが、屋根や外壁などの修繕履歴も確認し、クラック（亀裂）などが入っていないかを確認します。意外と見落としがちなのが樋《とい》で、台風や豪雨などの影響で外れている、壊れているようなケースも多いものです。

設備で要チェックなのがエアコンや給湯器です。親がしばらく病院や福祉施設などに入居していると、機器がほとんど使い物にならない状態にある場合があります。相続後どの程度の整備費用がかかるのか、あらかじめ把握しておくと、慌てずに済みます。

最近ではマンションを相続するケースも増えています。マンションの建物価値は非常に重要です。土地の権利があると言っても所詮は敷地権の共有にすぎません。マンションこそは相続後自分が住む、他人に貸す、売る、という視点から、その建物としての資産性を正確に把握しておくことが大切です。

まず、相続するケースでは築40年を超えるような物件が多いかと思います。立地については道路への接続など気にする必要はありませんから、もっぱら建物の老朽化の具合をチェックしましょう。親の住んでいたマンションの状況なんてわからないと思うでしょうが、管理組合に頼んで、大規模修繕履歴のチェック、特に議事録を見て住民間でのトラブルが頻発していないかを確認します。古いマンションになると、オートロックがない、共用部の清掃が行き届かない、外壁の塗装、配管や設備の更新が思うように進められていないものがあります。

相続後に賃貸したい、売却したいという場合には、今ではネットで相場を簡単に把握することができます。どこのサイトでも大きな違いはありません。ただし、掲載されている賃料や売値はあくまでも掲載側の希望価格であることには注意が必要です。また一つのマンションでたくさんの部屋が掲載されているようなケースでは、実はマーケットであまり評価されずに、売れ残っている、貸せずに滞留している、といったことが考えられます。

またマンションの相続では、相続後速やかに管理組合に届け出て、以降の管理費、修繕積立金などの支払い口座変更の手続きを行う必要があります。できれば理事長さんなどに挨拶をしておくとよいでしょう。

以上のように、できるだけ相続発生前に、相続することが想定される不動産についてはあらかじめ、実際に物件を見て、入念な準備を行っておくことをおすすめします。毎年課せられている固定資産税も、通知書を親から見せてもらえば、今後どの程度の税金負担を覚悟すればよいかもわかるというものです。

そして資産性が見込めない不動産については、できれば早めに処分して現金化することも視野に入れたいものです。特に不動産で相続税を気にする必要のない世帯では、「いらない不動産」をあえて相続することなく、早期に現金化して相続人同士で分けてしまえば、相続発生の際も相続人同士でもめることなく相続が行われることになります。

いらない資産は早めに見切ることです。

空き家の価値を上げる方法

相続する家の多くは、賃貸物件を除けば、親が住んでいた家です。親が亡くなったあと、さてこれを相続してどうするか、ということになるのですが、多くの家はそのままにしておくと、かなりの確率で空き家への道を歩むこととなります。とりわけ木造住宅は、空き家にしておくと家の劣化が進みやすくなると言われます。経験則でいうと、おおむね2年以上にわたって、空き家の状況が続くと、再生するのに相応の費用がかかってきます。木造住宅は特に湿度に敏感です。主がいなくなった家では、風が通らず、屋内に湿気がこもりカビが発生します。

放置している家には多くの虫や害獣が侵入してきます。虫やネズミだって家の中のほうが居心地が良いに決まっています。ちなみに毎年9月から11月頃にかけて姿を現すカメムシは、網戸や扉のすきまが2ミリあればやすやすと屋内に侵入できてしまうそうです。侵入は見張っている人間がいなくては防ぎようがありません。彼らが新しい家の主になる頃には、家の劣化は加速度的に進んでいきます。

木造住宅の価値を落とさないためには、まずは定期的な通風や通水を怠らないことです。通水は水道料金の基本料がもったいないと言って、契約をやめてしまう人がいますが、これは家の劣化を防ぐためには避けるべきです。トイレや風呂場、台所などは、時折水を流さないと上下水道の配管が急速に劣化するからです。また通風することで家の中に閉じ込められていた湿気が抜けます。

エアコンや扇風機、冷蔵庫、洗濯機、給湯器などの家電製品や設備も、使うのであれば、ときおり動かしておくと、機器の様子が確認できます。除湿器やエアコンの除湿機能を使い、タイマーをかけて除湿するのもよい工夫です。最近は別の場所から機器をコントロールできるリモート装置も開発されていますので活用するとよいです。

空き家の間は、戸建て住宅でもマンションでも、電気や水道、ガスなどはなるべく人が住んでいた時の状況にしておくことが、家を維持するコツです。水道光熱費の負担を避けたい気持ちはわかりますが、これらの基本料金は空き家の価値を保ち続ける最低限の費用とまず割り切りましょう。

それでは空き家の価値を引き上げる方法について考えてみましょう。戸建て住宅でもマンションでも、何をおいても重要なのは家のリニューアルです。貸すにしても売るにしても、借り手や買い手のニーズに応えること。これは商売の鉄則です。そもそも空き家のある地域で、マーケットがちゃんと形成されているか、そして借り手や買い手はどんな属性の人たちが対象になるのか。シングルなのかカップルなのか、ファミリーが多いのか、彼らは経済的にどんな位置にいて、どんなことに興味を示すのか、まず需要を見極めることからスタートです。

間違ってはいけないのは、自分の「想い」を優先するあまりに、自分が好むデザインの家にしようと、多額のコストをかけてリニューアルしてしまうことです。自分が住むのならそれでよいのでしょうが、他人、お客様に評価されなくては、マーケット価値は生まれないのです。

たとえばファミリーを対象にするのであれば、どんな仕様にするか、です。最近は夫婦共働きが普通です。専業主婦に子供が2人という、これまで政府が金科玉条のように扱ってきたファミリー像は、実はかなり昔のモデルにすぎません。新築分譲マーケットでも、今やファミリー向けといえば、3LDKが主体です。子供は「いない」か「ひとり」を想定すれば3LDKで十分なのです。せせこましい4LDKにするくらいなら限られた面積でゆったり作るのが今や業界の常識です。

リニューアルの際も、部屋が多くても各部屋が小さいのならば、部屋の壁をぶち抜いて、広い部屋を確保したほうが、顧客から評価されるケースが多くなっています。

また、相続する物件の多くが築年を経過しています。一番に修繕すべきは「水回り」です。リビングのクロスを張り替える、フロアをフローリングにする、照明を更新するなどは、やってもよいですが、借り手や買い手の好みもあるのであまり優先順位は高くありません。水回りが重要であるというのは、水は毎日使うものだからです。朝起きて顔を洗う、トイレに行く。帰ってきてキッチンで食事を作る、お風呂に入る、歯を磨く。生活には水回りの機能がいかに大事であるかがわかるはずです。

浴室は、以前は室内にタイルを貼りめぐらし、タイルの質や大きさで評価されました。バスタブも人造大理石を使ったものが高級とされました。しかし今はユニットバスの仕様が非常によくなっていて、手入れもしやすく、使い勝手もよく清潔です。シャワーも様々な機能がつき、バスタイムの楽しさを演出しています。旧来式のタイル貼りの浴室であっても、ユニットバスは組み立て式ですので、浴室を壊すことなく、寸法に合わせたユニットバスをその場に設置するだけで済んでしまいますし、これによって浴室環境は大幅に改善します。

キッチンも最近では対面式やアイランド型（島のように独立しているタイプ）のものが主流です。料理を作っている最中などに子供の様子が常にウォッチできる点が人気なのです。リニューアルをきっかけに採用することも検討してよいと思われます。

できれば水回りの次に注力したいのが外装です。戸建て住宅の場合、塗装するだけでだいぶ見た目の印象は良くなります。また屋根や外壁をしっかり塗装することは、家を長持ちさせるのに非常に有効なリニューアルです。ただ、家の大きさにもよりますが、外壁と屋根の塗装まで含めるとコストは１００万円前後かかります。

最近では、こうしたリニューアルされた空き家を購入して賃貸に出すという、運用目的の投資家が出現して話題を呼んでいます。驚くべきことに、こうした投資を行っているのは都市部に住むサラリーマン層だというのです。これらの空き家は地方では数百万円程度で取引されますので、こうした物件をたとえば月額5万円程度で賃貸に出すというものです。借り手がいれば、年間60万円の収入になります。５００万円程度の投資で年間利回りは12％になります。以前は、都内のワンルームマンションがサラリーマンの投資用不動産として人気を博しましたが、今は高くなりすぎてとても手が出ません。しかし、地方の空き家化した家なら、賃貸ニーズさえ摑めれば、意外と高利回りの運用になると考えているわけです。

　さらに、リニューアルしていない空き家を格安で買ってリニューアルを施し、こうした投資家相手に売却する工務店なども出現しています。彼らが狙うのはとにかく格安の物件で、最小限のリニューアルを行ったうえで、これを単身高齢者や生活困窮者などに家賃月額2万円から3万円程度で貸すのです。こうしたセグメントの方々は、なかなか一般の賃貸マーケットでは家が借りられませんので、自治体でもこうした事業を歓迎しているようです。ちなみに取得費とリニューアル費用を合計で３００万円程度に抑えることができれば、月額3万円の家賃収入でも年間で36万円、利回りは12％になるわけです。

　業者がやるから安心とも言えますが、どこまで必要なリニューアルを行っているか確認するのは素人ではなかなか難しいと思われます。また、高齢者はその後、部屋内で孤独死するリスクが高いですし、家賃の未払いなどの不安もあります。どちらかというと貧困ビジネスの臭いもしますが、空き家の有効な活用方法、運用方法、売却先として検討してもよいかもしれません。

都市部に勤めるサラリーマンの働き方が、リモートワークの普及などで、必ずしも都心部への通勤を前提としなくなっていることは、敷地に余裕のある広い家で犬などを飼ってゆったり暮らしたいという、都会人の欲望を刺激する誘因となっています。また安い家賃で暮らさざるを得ないような立場の人たちも加速度的に増えていく世の中で、相続する家を、いかにこうしたニーズを持つ人たちに提供できるか。そのための空き家価値の向上が、今後の相続する不動産の活かし方になっていくのです。

知っておきたい空き家売却の基礎知識

相続した親の家などは、相続人が住むアテがなければ、賃貸にするか、売却するかしないと空き家になってしまいます。以前のように人口が増加し続ける世の中であれば、家は資産として十分活用ができるものでした。人口がピークアウトした2010年頃を過ぎても、首都圏などの大都市圏には人が集まってきましたので、まだ一定の賃貸や購入需要がありました。しかし現状では、東京のような大都市圏ですら人口の流入は縮小し、都市部の一部を除いては、住宅需要は明らかに減少に向かっています。

ならば相続した家を、自分で使わないのであれば、早めに売却してしまおうと考えるのは当然です。縮んでいくマーケットで無理に運用資産を持たない、早期に現金化してしまおうというのは、悪くない考えです。

戸建て住宅に関しては、実際に大都市郊外であれば、広い家に住みたいというニーズはあるので、今ならまだ売却できるチャンスはあるのです。

では実際に売却する際にはどんな方法があるのでしょうか。家をそのままにして、土地建物付きで売却するケースを考えてみましょう。不動産売買マーケットでは、築年の経過した家と土地を合わせて売却する際には「古家付き」などの表示をします。古家とはいっても買主がそのまま使っても構いませんし、買ってから解体撤去して新しい家を建設するのも自由です。

また、古家が付いていたのでは、買主が撤去費用を負担しなければならず売りにくいと考えるならば、古家を解体撤去したうえで更地にして売却する方法もあります。

ところが、この空き家を売却する際に、問題となるのが税金です。通常、不動産を売却した場合には、売却価額からこの物件を取得した時の取得額、譲渡の際にかかった譲渡費用（仲介手数料など）を差し引いた額が譲渡所得とされ、この所得に対してかかる税金は、譲渡年の1月1日時点において、

① 短期譲渡：所有期間5年以下ならば所得税率と住民税率合わせて39・63％

② 長期譲渡：所有期間5年超ならば所得税率と住民税率合わせて20・315％

となります。空き家の場合はたいていが長期譲渡に該当しますので税率は20・315％です。ここで困惑するのが物件の取得費です。なにしろ親の代、あるいはご先祖様の代から所有してきた家です。当時の取得額を証明するのは、契約書などがなかったりすれば極めて困難なことになります。

税法上は、取得金額が判明しない場合は、取得額は一律で売却価額の5％で計算されます。この規定では売却価額のほとんどが課税対象になり、多額の譲渡税が請求されます。これならば、面倒な手続きをせずに放置しておこうとなってしまいます。これでは空き家は増える一方です。

そこで国では2016年度の税制改正で、相続で取得した空き家の譲渡の際には、一定の条件を満たせば、譲渡所得から最高3000万円分を控除して構わないという特別控除

を設定しました。この控除額を利用すれば、かなりの税額圧縮につながります。相続した空き家の売却の際には絶対に知っておきたい知識です。

ただし、この特別控除を受けるにあたっての要件は極めて複雑で、これらをすべて満たしていないと控除が受けられません。順を追って説明しましょう。

①　対象となる空き家

↓相続発生後3年を経過した日の属する年の12月31日までの譲渡に限る。

②　旧耐震制度で建設された家

１９８１（昭和56）年5月31日以前に建築された空き家に限る

↓もともと耐震上で問題となる空き家を対象に空き家対策を行おうとしています。

③　被相続人が一人で居住していた家

↓相続人などと同居していた場合は認められません。

④相続が発生してから譲渡するまでの期間、賃貸用などに供用されていない家
→空き家が対象であるために期間中に運用しているものは対象になりません。

⑤譲渡期間が時限立法になっている
→この特例は時限立法です。具体的には２０１６（平成28）年４月１日以降、２０２３（令和５）年12月31日までの譲渡について適用されます。延長措置が講じられる可能性はありますが、「急がねば」です。
→２０１９（平成31）年４月１日以降については、被相続人が要介護認定を受けて老人ホームなどに入所していて（空き家に住んでいない）相続が発生したものについても対象に加わりました。

⑥譲渡にあたって家は耐震改修しているもの、または更地の売却に限る
→旧耐震の「古家付き」で売却したのでは特別控除の対象にならないということです。ここは気を付けたいポイントです。
→いっぽうで家を耐震改修していれば、家付きでも大丈夫です。

⑦ 売却価額が1億円以下であること

→これも重要なポイントです。高額な物件は対象にならないということです。

⑧ 空き家が相続人と共有の場合

→相続人の所有分についての譲渡益に対しては適用されません。

などなどものすごく細かくて複雑なルールがありますが、覚えておくだけで税負担が全く異なってきますので注意しましょう。ご自身が抱える空き家が対象になるかどうかについては、会計士、税理士などの専門家に相談されることをお勧めします。

いっぽう、都市部に近い空き家などはまだ売却できる可能性が高いのですが、地方などでは売却に苦労する空き家が多いです。とりわけ価値が1000万円を下回るようになると、仲介を依頼しようと不動産屋に持ち込んでも扱ってくれないことがあります。理由は簡単で、彼らの手数料収入が確保されないためです。不動産仲介料は法律で上限が決まっていて、たとえば1000万円程度の物件になると、手数料は5万円くらいになってしまい

表8　不動産仲介における手数料率

	取引物件価格（税抜）	仲介手数料の上限
1	400万円超	取引物件価格（税抜）×3%＋6万円＋消費税
2	200万円超〜400万円以下	取引物件価格（税抜）×4%＋2万円＋消費税
3	200万円以下	取引物件価格（税抜）×5%＋消費税

ます。手間暇かかるのは高額物件と変わりません。また状態のよくない空き家ほど、土地や建物に関しての条件が複雑になり、かえって手間がかかるなどの理由で取り扱いたがらないのです。

その場合は自治体などが主宰している空き家バンクの利用をお勧めします。空き家バンクというと、一戸建て住宅しか登録できないと勘違いする方がいますが、空きマンションの登録も可能です。空き家バンクは全国ネットワーク化されていますので、商圏は広く、地方で誰も見向きもしなかった物件でも、都会から移住することなどを目的に空き家を探している人に出会える可能性があります。また最近では、空き家を買って簡易宿所などに改装して、観光客やテレワーカーを呼び込む動きもあります。

空き家を借り受けて多拠点居住用に活用する動きなどもありますので、売却が叶わなくても、一時運用することを視野に入れておいてもよいでしょう。

図18 土地所有に対する負担感（単純集計）

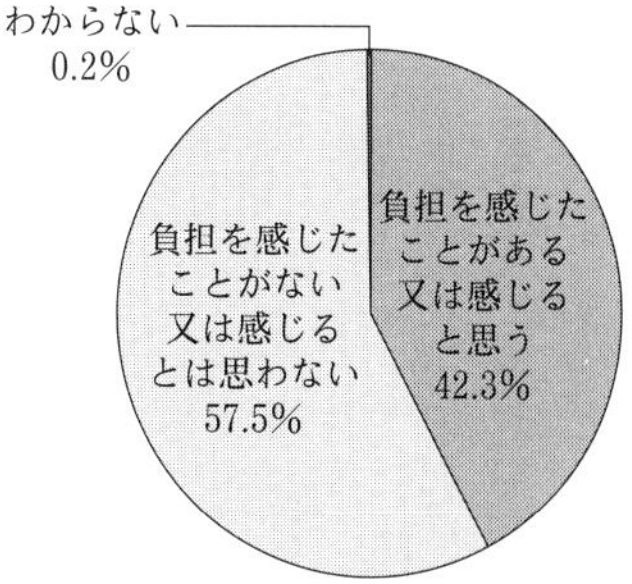

注：n＝1,604

図19 土地所有に対する負担感（土地所有の有無別）

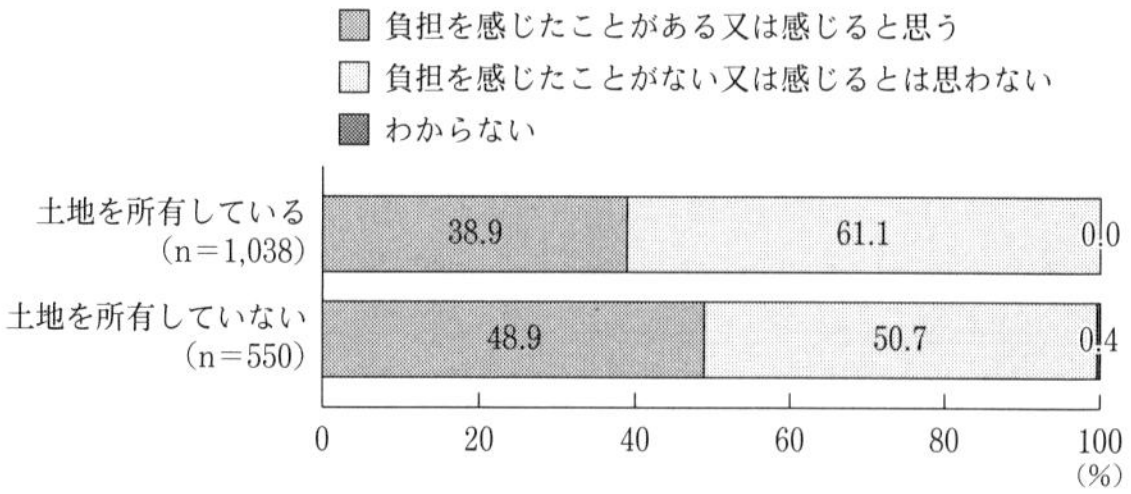

資料：国土交通省「土地問題に関する国民の意識調査」
出所：国土交通省「平成30年度土地白書」

いらない土地は国庫に帰属させられるようになる？

国土交通省「平成30年度土地白書」では、国民の土地に対する意識について様々な角度から調査が行われています。まず単純集計結果として、土地を所有することに対しての負担感を問うと、「負担を感じたことがある又は感じると思う」と答えた人の割合がなんと42・3％にも達しました。この中には実際に土地を所有していない人の答えも含まれるので、土地を所有している人に限定して聞いても、その割合は38・9％。土地所有者の約4割が、土地を所有することに何らかの負担を感じているという結果となっています。

さらに所有している土地の中でも空き地に限ってみると、負担感はさらに増し、その割合は47・4％になります。興味深いのが所有する空き地を地目（土地の用途）別にみると、活用しやすいはずの宅地で負担感を覚えている人が46・6％にも達していることです。おそらく宅地の空き地では、固定資産税の問題など、所有することに対する負担感が大きいからなのでしょうか。

さらにこの活用されていない空き地の取得経緯をみると、なんと68・3％が相続による取得となっています。相続された土地に多くの相続人が困惑しているさまが、この調査からも感じ取れます。

図 20　所有する空き地に対する負担感（単純集計）

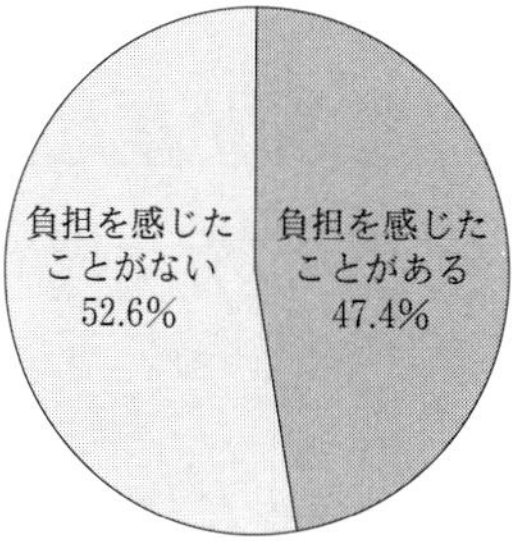

注：n＝5,000

図 21　所有する空き地に対する負担感（地目別）

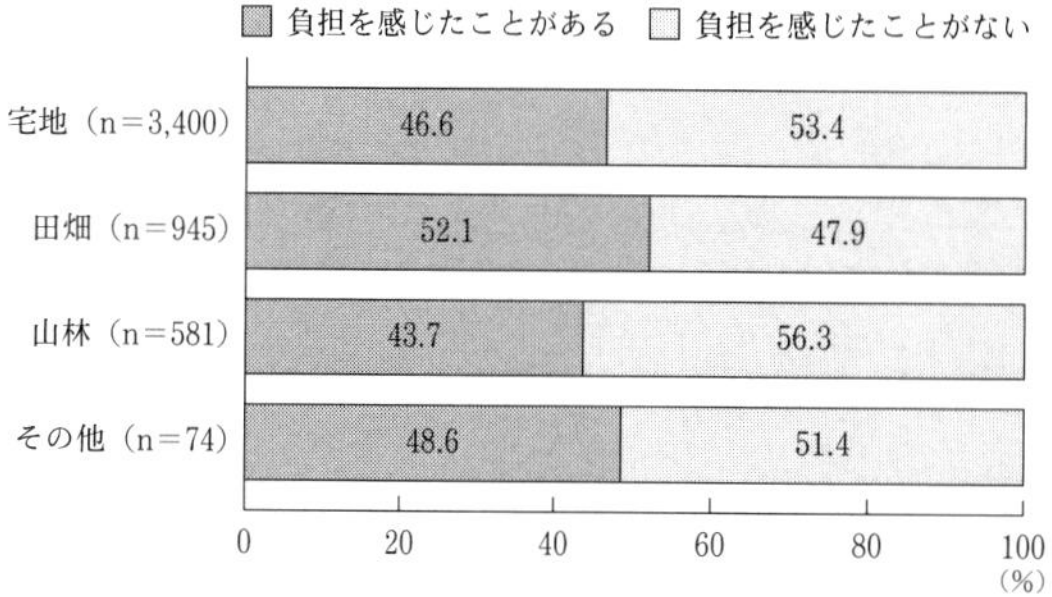

資料：国土交通省「利用されていない土地に関する WEB アンケート」
出所：国土交通省「平成 30 年度土地白書」

図22　所有する空き地の取得経緯

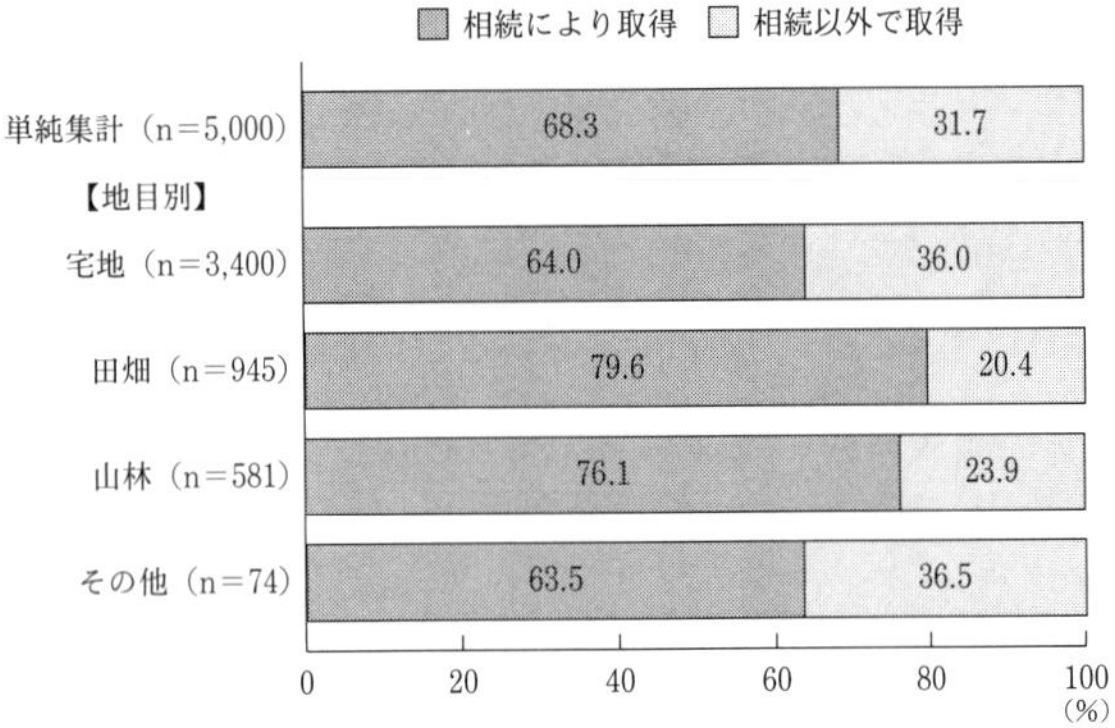

資料：国土交通省「利用されていない土地に関するWEBアンケート」
出所：国土交通省「平成30年度土地白書」

このように相続してしまった土地でお悩みの方に朗報があります。国は2023年4月27日から相続土地国庫帰属制度をスタートさせます。相続してしまった土地で、自分は使わないし、利用するあてもないものについて、一定の条件をクリアすれば、国に帰属させることができるようになるのです。

この制度が創設された背景が、先述した所有者不明土地問題です。国は、これ以上所有者不明土地を増やすことは、行政上も財政上もよろしくないと考えています。そもそも国民の土地に対する利用ニーズが低下しているのに、相続で望まない土地などを抱え込み、その負担に苦しむ、管理をせずに放置する、登記もせずに野放しにするといった行為の積み重ねが、この問題を深刻にしているとの認識に至ったのです。

実際に法務省が２０２０年に行った調査では、土地所有世帯のうち、土地の国庫帰属を望む世帯が全体の20％に及ぶことが報告されています。

ではこの相続土地国庫帰属制度の概要をみてみましょう。

まず、申請の対象となる不動産は「土地」です。建物は含まれません。また申請者は、土地を相続または遺贈（遺言によって特定の相続人に財産の一部又は全部を譲ること）された人になります。共有の土地の場合は共有者全員で申請する必要があります。

申請先は、法務局または地方法務局になる予定で、ここで要件審査が行われます。担当官が現場に実査などに出向くことが想定されています。審査で承認されれば、国で引き取ってくれますが、注意しなければならないのが、国はタダでは引き取ってはくれないことです。

タダで引き取ってくれるとなれば、土地を管理するのが面倒だとして管理コストを国に転嫁することを目的に帰属させるなど、国民の間にモラルハザードが蔓延することになります。そこで、国は国庫に帰属する際には、審査手数料に加えて、土地管理費に相当する金額10年分を事前に納付することを求めています。負担金の内容については地目や面積、周辺環境等を考慮して決めるとしていますが、詳細は政令で定めるとしています。気になるところですが、国有地の管理事例などでは、宅地で80万円、原野で20万円程度（いずれも10年分）とされていますので参考になるかもしれません。

国庫の帰属先は、農地や森林などは農林水産省に、その他の土地は財務省になります。

気になるのは要件審査でどういった土地であれば承認されるかですが、現在（２０２２年9月）判明している限りでは、申請時の要件としては、

①建物が建っていないこと
②土地に担保権や使用収益権などが付されていないこと
③他人の利用が予定されていないこと
④土壌汚染がないこと
⑤隣地との境界が確定していること

などが想定されています。

また、審査にあたっては、

①勾配のある崖地
②土地の管理・処分に支障があるような工作物がある

③地中埋設物が存在する
④隣地との裁判に発展するような深刻なトラブルがある
⑤土地の管理・処分に支障が出るような多額の費用、労力がかかる

などの事象が認められる場合には、承認されないとのことです。

また国庫に帰属できる相続財産は、この制度が開始される（23年4月27日）以前に相続で取得した土地でもよいとされています。これは、多くの人が自分にとって価値のない土地を国に引き取ってもらうチャンスが到来したと言えます。

ただし、申請や審査にあたって要求されている条件は意外にハードルが高そうです。田畑や山林、地方に残された先祖伝来の土地などは、権利関係がはっきりせず登記もされていない、境界が定まっていない、地役権《ちえきけん》や入会権《いりあいけん》といった制約が付されている、など解決しなければならない問題が多数残されているはずです。

都市市街地であれば、こうした問題はあまりないかもしれませんが、家の解体費用に加えて、土壌汚染や地中埋設物などの処理や撤去などに多額の費用が掛かる恐れもあります。またそれらの費用を負担したうえで、さらに10年分の管理費用を支払わなければならないとなると、更地として売るほうがよい、ということになりそうです。

実際にこの制度、トライする人は多いかもしれませんが、世の中には国がここで求めているようなきれいな土地、というのは意外と存在しないものです。実態として、国庫に無事帰属させることができる土地は多くないように思われます。

第6章　相続をどうすればよいのか

世界最高水準のニッポンの相続税

日本に相続税が導入されたのは１９０５（明治38）年、日露戦争の戦費調達のために設けられたことによるものです。当時膨大な額に膨れ上がる戦費を賄うために国は、酒税、所得税、固定資産税の引き上げを実施しましたが、それだけでは足りず、欧米などの制度に倣って導入したのです。

この措置は戦費調達のための臨時的なものとされていましたが、戦勝国となり多額の賠償金を得られると見込んでいたものが、得ることができず、結果として相続税はそのまま存続することになりました。

戦後の一時期、相続税は思い切り強化されました。１９５０年に行われたシャウプ勧告では、ＧＨＱの意向を受けて、財閥への財産の一極集中を避けることを目的に、相続税の最高税率を90％としたのです。あくまでも一時的な措置であったので、１９５２年には最高税率は70％に縮減されましたが、その後この税率は、２００３年に50％になるまで続きました。そして現在の最高税率である55％は、２０１５年度の改正によるものです。

では世界の中で日本の相続税はどの程度の位置付けにあるのでしょうか。表9にあるのが世界主要国の相続税最高税率と基礎控除額の比較です。

表９　世界主要国の相続税最高税率及び基礎控除額

	最高税率	基礎控除額（千円）
日本	55%	36,000
フランス	45%	14,300
アメリカ	40%	1,539,000
イギリス	40%	52,975
ドイツ	30%	57,200

出所：内閣府「第18回税制調査会資料」
注：以下で計算・１ドル135円
・１ユーロ143円
・１ポンド163円

国によって相続税に対しての考え方は様々です。日本は法定相続分に対して課税する方式、つまり遺産全体から基礎控除額などが差し引かれた後、相続した法定相続人個々人に課税される方式を採用していますが、イギリス、アメリカは遺産課税方式、ドイツ、フランスは遺産取得課税方式となっています。遺産課税方式とは被相続人の遺産全体に課税する方式で、遺産を残した被相続人に支払う義務があります。いっぽう遺産取得課税方式とは相続する財産全体に課税され、相続人が税を負担します。

また基礎控除額についても考え方に差があります。配偶者に関して、日本は一律で１億６０００万円ですが、アメリカやイギリス、フランスは金額にかかわらず非課税です。また基礎控除額の算式は各国で異なりますが、おおむね高く、アメリカは１１４０万ドル、日本円で15億円を超えるような遺産でない限り課税されません。

このように比較してみると、日本は相続に対してきわめて「厳しい」姿勢にある国と考えてよさそうです。相続のたびごとに遺産の半分が税金でもっていかれてしまうということは、3度繰り返せば、遺産は8分の1になる。日本ではどんなにお金を持っていてもほったらかしておくと三代でなくなる、とやや誇張めいて言われるのはこの世界最高水準の相続税によるものなのです。

いっぽうで、世界を見渡すと相続税フリーの国があります。中国、マレーシア、シンガポール、オーストラリア、ニュージーランド、カナダ、スウェーデンなどの国々です。こうした国に資産を移して相続税を免れようとする動きは以前からありました。

平成バブル時代、私はオーストラリアのあるリゾート開発のお手伝いをしたことがあります。日本の会社が買収したリゾート地に別荘を建築分譲する仕事だったのですが、買い手の主軸はニッポン人でした。バブルで大儲けした中小企業の社長さんたちが、敷地面積７００坪から１０００坪、瀟洒な造りの2ベッドルームの別荘を数億円でポンポンと買っていく姿に驚かされたものです。

時差があまりないとはいえ、飛行機で片道7時間かかる別荘地にそんなに頻々と出かけないだろうという私の疑問は、この「相続税がない」という魔法のワードですべてが氷解したものでした。

ならば、海外に資産を移転しよう、移住しようという富裕層が大量に出るはず。実際に多くの日本の富裕層は海外資産のウェートを増やしてきましたが、現在ではこの方法には厳しい制約が課せられています。２０１７年度の税制改正によって、海外に資産を移転して相続税を逃れるためには、当該国に被相続人（例えば親）と相続人（例えば子）が相続発生の10年以上前から居住していることという条件が付されたのです。海外へ資産逃避するには自らも国外逃避をしなければならなくなってしまったのです。

税率は、財産額が大きくなるほど高くなるので、資産をたくさん保有していると、日本では高額の相続税が課されます。この負担から逃れるために、多くの人がアパートやタワマンなどに、多額の負債を背負ったうえで投資をするなど無理な背伸びを繰り返します。資産を持っていない人でも、最近の平均的な日本人の多くが自宅という資産（らしきもの）を持っています。ところが、この資産、二次相続では課税対象となる可能性があり、たとえならなくとも、これを相続した相続人が取り扱いに苦しむようになる、というのがこれから訪れる多死・大量相続時代です。

相続税が高ければ、贈与すればと考えても、日本は贈与においても世界的に非常に厳しい水準にあります。いわばにっちもさっちも行かずに、資産を抱きしめているのが現代日本の高齢富裕層といえるのかもしれません。

もちろん国民の間の格差を固定化させないというのが、相続に関しての基本的な考え方です。しかし、経済発展が止まり、財産移転が進まない日本国において今後、相続の考え方をどう変えていくべきか本章ではその処方箋を考えていくこととします。

縮小、撤退戦略を迫られるニッポンにおける相続

日本は戦後から高度経済成長期を経て平成バブルに至るまでの期間、一貫して成長を続けてきました。ＧＤＰではアメリカに次ぐ世界第2位の位置を確保し、世界の経済大国として君臨しました。

しかし、平成バブルの崩壊以降続く経済不況「失われた30年」は日本の国際社会における地位を大きく貶めました。そして人口減少によりその足取りがさらに速まり、高齢化が進展する。これはもはや「停滞」というような表現ではなく、「縮小」あるいは「撤退」と名付けてもよいような状況にあるといっても過言ではありません。

図23　名目GDP（為替レート〈米ドル換算〉）の上位６か国（米国・中国・日本・ドイツ・イギリス・インド）の推移

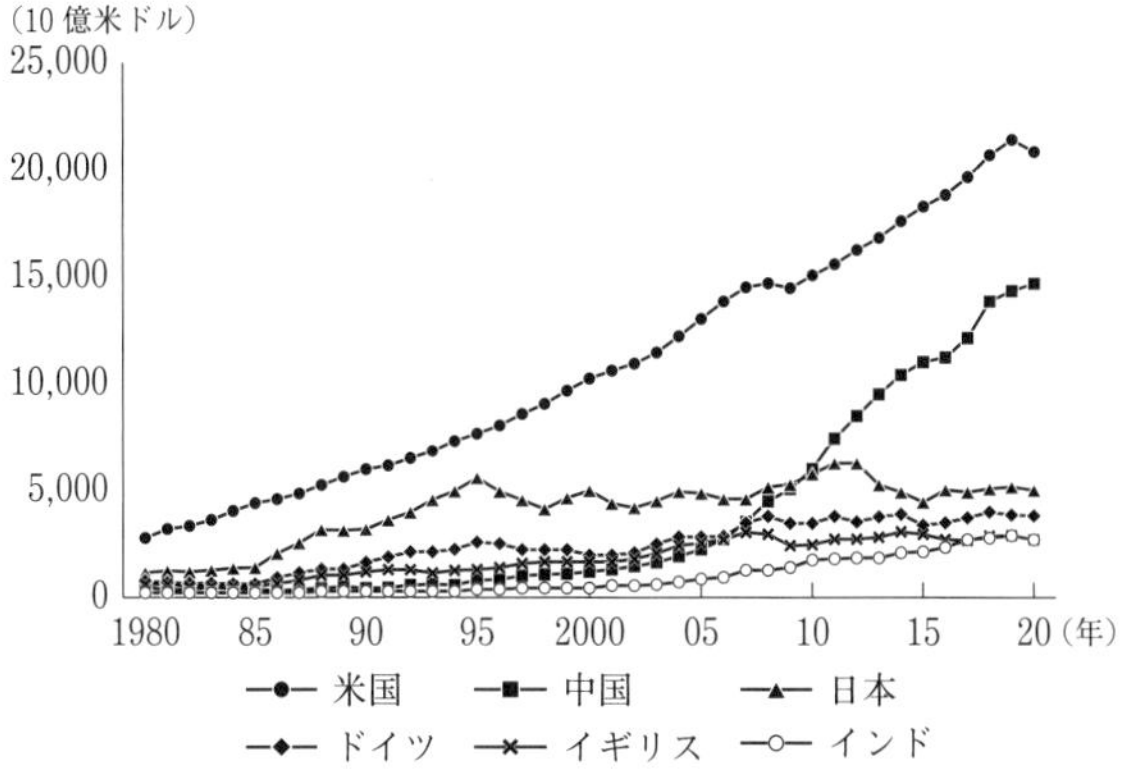

出所：IMF “World Economic Outlook Database, April 2021”（2021年4月12日閲覧）よりニッセイ基礎研究所作成

このような事態となった背景としてはいろいろな理由が考えられますが、確実に言えることの一つに日本の人口動態があります。終戦直後、日本の人口は７２００万人程度しかありませんでした。ところが25年後の１９７０年、大阪で万国博覧会が開催された頃には人口は１億３７２２万人。なんと四半世紀の間に人口は44％もの増加を記録しました。高度経済成長に、この人口増加という内需の後押しがあったことは間違いありません。

その後の四半世紀を経て、１９９５年には日本の国力は頂点を迎えていました。日本企業は内需の後押しを受けながらも、積極的に海外へ展開。次々に世界を瞠目

表 10　一人当たり GDP のランキング（購買力平価換算）

一人当たり名目 GDP の順位	国名	一人当たり名目 GDP（単位：国際ドル）	人口（単位：100 万人）	名目 GDP の順位
1	ルクセンブルク	118,001.58	0.638	99
2	シンガポール	97,056.53	5.84	39
3	アイルランド	94,391.53	5.041	44
4	カタール	93,508.38	2.807	61
5	スイス	72,873.72	8.709	35
7	米国	63,415.99	331.952	2
19	ドイツ	54,075.68	83.287	5
26	フランス	46,061.96	65.302	9
27	韓国	44,620.99	51.819	14
28	イギリス	44,116.87	67.423	10
30	日本	42,248.00	125.284	4
77	中国	17,191.69	1408.095	1
128	インド	6,461.01	1391.986	3

※順位は IMF のデータベースにおける「国（Country）」を機械的に並べ替えて算出。
※上記のデータは IMF の 2020 年の予測値に基づく。
※名目 GDP の順位は購買力平価換算値に基づく。

出所：IMF “World Economic Outlook Database, April 2021”（2021 年 4 月 12 日閲覧）よりニッセイ基礎研究所作成

させるような新製品（たとえばソニーのウォークマンなど）を開発し、FORTUNE誌が発表する世界の企業時価総額ランキングベスト30のうち、7割に相当する21社が名を連ねました（1989年）。当時の様々な経済指標をみても、日本の国際的な地位は高く、この四半世紀の間に人口はさらに20％増加して1億2000万人台になりました。

さてここから日本の凋落

図 24　我が国の人口構成の推移（出生中位〈死亡中位〉推計）

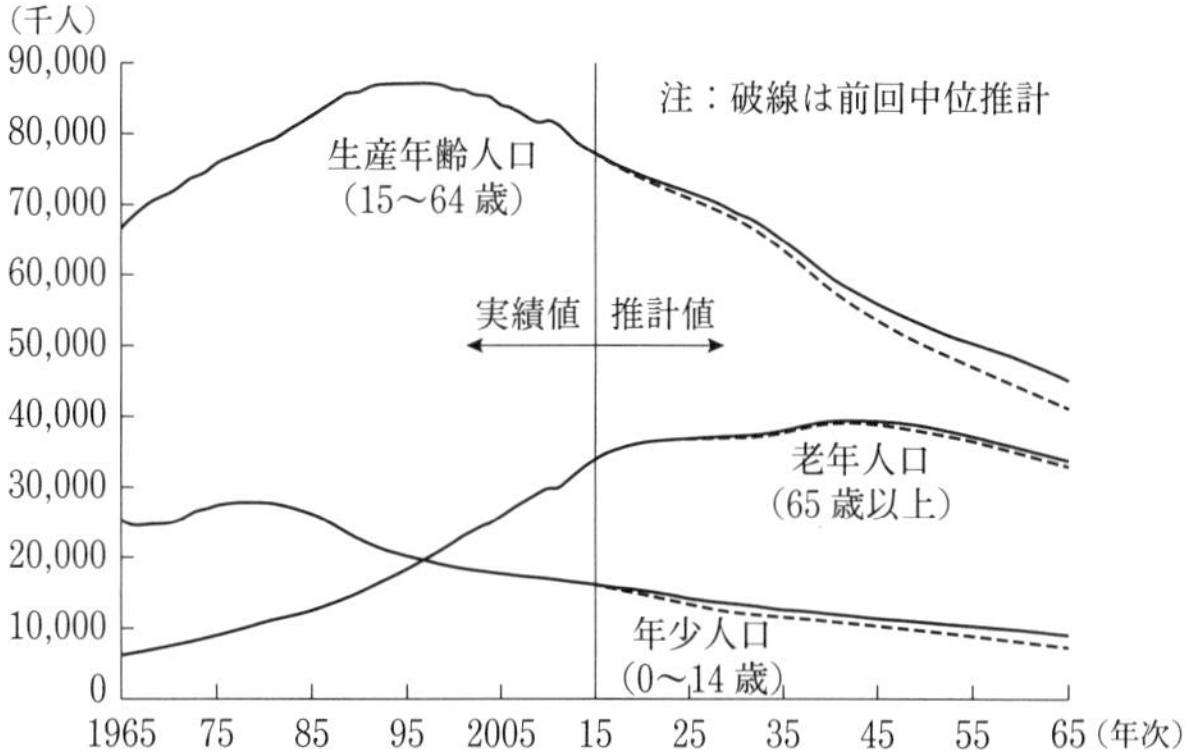

出所：国立社会保障・人口問題研究所「日本の将来推計人口（平成 29 年推計）」

が始まるのですが、人口についてみれば、ピークアウトするのが２０１０年あたりです。ところが、人口の中でも働き手とされる生産年齢人口（15歳から64歳までの人口）は95年頃にはピークアウトし、以降減少が続き、２０２０年時点で７４０６万人、総人口に占める生産年齢人口の割合は59・１%にまで低下しています。そして国立社会保障・人口問題研究所の予測によれば、２０４０年には５９７８万人、53・９%にまで低下していくことが報告されています。

この労働力の減少に対して、国は女性労働力の活用、高齢者雇用、外国人技能実習生の誘致などでしのごうとしていますが、マクロとしての人口の減少と高齢化という状況の進展により、活路を海外に求めていかない限り、国内はじり貧の状況になります。

　実際に日本の大企業の多くが、かつてのように魅力的な新製品を生み出すことはなくなり、それまでに稼いだマネーを海外などで運用して利益を上げている状態になっています。これは裏返して言えば、日本の大企業に衰えがきて、これまで稼いだ資産でしか飯を食っていけない状況に陥っていることを示唆しています。

　国力の低下は国の通貨である円の価値の低下をもたらします。日本はＧ７の中で、次第においてけぼりにされつつあります。欧米がインフレ抑制のために金利を上げても、なかなか追随できずにいます。日本経済が瀕死の状態に陥る危険性が高いからです。成長しない国にとって、成長を続ける他国に追随することはもはやできないのです。

　円安は、輸出型企業には有利とされますが、残念なことに輸出型産業の多くは海外に工場や拠点を移していて、恩恵を被る企業は少なくなっています。むしろ海外拠点の閉鎖に追い込まれる企業が増える結果となっています。

　つまり、日本社会は企業も個人も縮小・撤退の時代に入ったということです。全体のパイが縮小していく中で、これまでひたすら資産を増やし続けてきた日本は、逆回転の時代に入ったということができます。

相続の現場でも、昔は大勢の子供＝相続人がいました。親がいくら稼いでも、たくさんの子に相続、承継される資産はわずかでした。ところがこれからは、親の築いた資産のほとんどが少数の子の手に独り占めされるようになります。一見すると子にとって良いことずくめにも見えますが、実際はどうでしょうか。子にとって、いらない、迷惑な資産も有無を言わせず相続させられる社会になるという側面もあります。

人口が増加し、人々が住む家を求めていた時代、不動産を相続すれば、運用もでき、売却時には大きな利益を手にできるものでした。しかし、日本全体のあらゆる部門が成長を止めてしまうと、価値を失う不動産が激増していきます。不動産は人が活動するうえでの重要な社会インフラです。人がたくさん出入りし、生活することが、不動産の持つ価値を最大化させていきます。しかし、現代の、そして未来の日本が直面するのは、この縮小・撤退が続くニッポンなのです。

こうした社会的背景は、実はこれからの相続を考えるうえでとても大切な視点です。昔がよかったからこれからも大丈夫、といった経験則だけを基にした楽観は、これからの日本では通用しそうもありません。

今こそ相続という、財産承継のイベントにおいて、未来にとって何が必要で、何が不要

図 25　世帯主の年齢階級別貯蓄・負債現在高、負債保有世帯の割合（2 人以上の世帯）—2021 年—

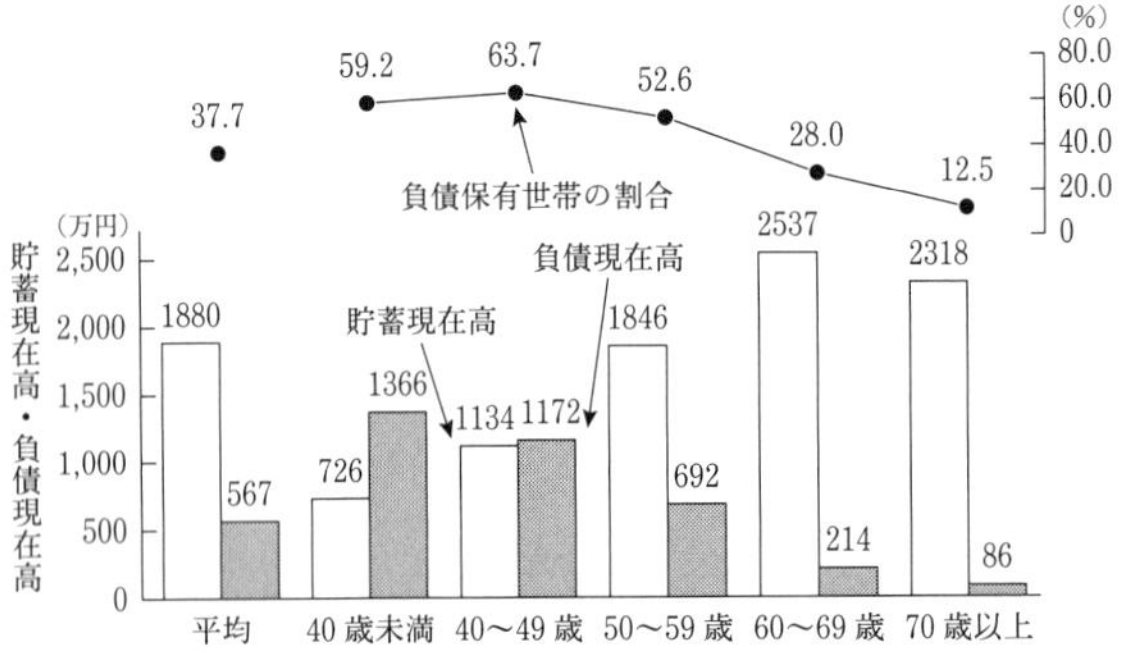

出所：総務省統計局「家計調査報告　貯蓄・負債編」2021 年

となるかについて熟慮し、仕分けをし、なるべく身軽な形に自らを整えていくことが求められているのです。

財産移転の早期化が日本を活性化する

人口の減少や高齢化が、着実に国力を衰退させることについてここまで説明してきました。特に高齢化社会になると、相続面では資産の移転がすすまないことになります。老老相続は、資産を受け取る相続人側も高齢化しているために、受け取った資産をそのまま貯めこみ、消費に回さないという悪循環につながります。

いっぽう20歳代から40歳代まで、社会の中核として最も消費を活発に行う世代は、給与などの所得がなかなか伸びない中でローンの返済、物価の高騰、子供の教育費などの重圧を受けて、自由になるお金や資産がない状況下にあります。

この状況を解決するためには、資産を持つ高齢者がなるべく早期に次の世代、あるいはさらにその次の世代に資産を受け継がせたほうが有利な社会にしていくことです。相続まで待たずに贈与することで資産の移転を早めるのです。

ところが、日本は贈与についても極めて厳しいスタンスの国です。例えば父から子（成人）に１０００万円を贈与しようとすると税率は特例贈与財産用の税率適用で30％かかります。子が未成年ですと税率は上がり40％です。つまり、若い世代へ贈与することをなるべくさせない方向に税制が決められているのです。

一般的によく知られているのは、年間で１１０万円の範囲ならば贈与税がかからないという暦年贈与の非課税枠の利用です。しかし、年間１１０万円では月額にして10万円にすら届きません。しかも相続発生時には発生前3年間（２０２４年1月１日以降の贈与については7年間）に行われた贈与分は、相続財産にカウントされてしまいます。えっちらおっちら10年かけて移転できるのはせいぜい１１００万円にすぎません。

いっぽう国は「住宅」「教育」「結婚・子育て」については、いずれも贈与について非課税枠を設けています。

表 11　贈与税税率表（一般贈与財産用）

基礎控除後の課税価格	200 万円以下	300 万円以下	400 万円以下	600 万円以下	1,000 万円以下	1,500 万円以下	3,000 万円以下	3,000 万円超
税率	10%	15%	20%	30%	40%	45%	50%	55%
控除額	—	10 万円	25 万円	65 万円	125 万円	175 万円	250 万円	400 万円

特例贈与財産用ではない贈与について適用

出所：国税庁

表 12　贈与税税率表（特例贈与財産用）

基礎控除後の課税価格	200 万円以下	400 万円以下	600 万円以下	1,000 万円以下	1,500 万円以下	3,000 万円以下	4,500 万円以下	4,500 万円超
税率	10%	15%	20%	30%	40%	45%	50%	55%
控除額	—	10 万円	30 万円	90 万円	190 万円	265 万円	415 万円	640 万円

この速算表は、贈与により財産を取得した者（贈与を受けた年の 1 月 1 日において 18 歳（注）以上の者に限ります。）が、直系尊属（父母や祖父母など）から贈与により取得した財産に係る贈与税の計算に使用します。

注：「18 歳」とあるのは、令和 4 年 3 月 31 日以前の贈与については「20 歳」となります。

例えば、祖父から孫への贈与、父から子への贈与などに使用します。（夫の父からの贈与等には使用できません）

出所：国税庁

住宅取得資金援助に関しては、省エネ住宅であれば最大１０００万円まで、それ以外では５００万円までの贈与が非課税です（期限は23年12月31日まで）。教育資金贈与は子や孫に教育用として一人につき最大１５００万円までの贈与が非課税になります（26年3月31日まで）。ただし子や孫が30歳になった時点で使い残しがあると、その分は課税されてしまいます。結婚・子育て資金贈与は子や孫の挙式や披露宴、出産、不妊治療などの資金について一人につき最大１０００万円まで非課税とするものです（25年3月31日まで）。ただし子や孫が50歳に達した段階で残額は課税対象となります。

富裕層の中で資産額が大きい世帯では、年間１１０万円を超えて贈与して、贈与税を払うほうが、相続税よりも安くなるラインを見極めて、戦略的に贈与するケースもありますが、いずれにしても、国の基本的方針は「贈与もだめ。相続は世界随一の高水準で税金をいただく」という発想です。

一部に認めている特別非課税枠も、「住宅」「教育」「結婚・子育て」といった具合に用途を限定しています。前にも述べましたが、非課税にする対象が、昭和時代の家族の成長過程にしか目を向けないものになっています。つまり子供は結婚するものだ。挙式費用はたいへんだろ。結婚すれば子供を産むものだ。出産費用必要だろ。子供の教育大変だろ。家も買わなくちゃいけないだろ。だからこうした費用が掛かる分への贈与については少しお目こぼしをしてあげよう。だいたいがこの発想です。昭和家族の肖像とでもいいましょうか。

これからの時代、家は絶対に買わなければならないものでしょうか。結婚しない人もいます。子供を授からない、持つつもりがない人もいます。こうした多様な考え方には一切寄り添わない税制といえましょう。

新しい時代に即した税制は、親世代から子や孫世代になるべく早期に財産を移転しやすくするべきです。したがって時限立法などにせず、用途は自由にして、子や孫が本当に必要なときに、機動的に補助してあげるものでよいのではないでしょうか。

最もお金を必要としている世代に、お金を貯めこんでいる親世代から資金を融通してあげる。美しい話ではありませんか。親子間の会話ももっと活発になるでしょう。資金援助をされた子は親に感謝する。孫は祖父母のことを一生忘れない。そうしてこそ親が要介護になったときも、子が恩返しとして喜んで親の世話をするというものです。

これが相続した時にしか財産移転がなされない、となると資産を受け継ぐ子ももう高齢者。親が長生きしすぎて「ああ、やっと死んだか」などと呟きかねません。子も歳をとってからでは、親からもらった資産を使う当てもないから、老後資金として貯金しておくだけになります。

また、家族だけが贈与対象ではないはずです。お世話になった個人に感謝の意味を込めて贈与する資産についても、幅広く非課税枠を創設してみたらどうでしょうか。親不孝の子にわざわざ移転する必要がないと思うのならば、本当に自分が贈与したい人に対して、自らの考えで贈与する。素晴らしいことだと思います。

こうした考えでの贈与が広まれば、世の中の本当にお金を必要としているところに、的確にお金が流れ、社会を活性化させていくことにつながると考えます。

国の税制調査会では、ここ数年、贈与税と相続税に関しては熱い議論が戦わされているようです。２０２３年度税制改正大綱によれば年間１１０万円までという暦年贈与の非課税枠については、相続発生前３年間に行われた贈与分を相続財産にカウントしていたのを７年間（２０２４年１月１日以降の贈与から適用）とする改正が盛りこまれました。贈与と相続における税制を一体化しようとする国の意思の表れとも思われます。ですがこうした改正の方向性の中にも旧来の伝統的な家族観から抜け出した議論が行われている形跡がありません。高齢者を中心に沈殿している資産を社会に還元していくような抜本的な税制改革を行っていただきたいと思います。

不動産評価のあり方を考える

不動産の相続を考える場合、いつももやもやするのが、本書でも何度も登場する、土地は路線価評価額、建物は固定資産税評価額を基本に土地建物の評価額を算定する方法です。

路線価は毎年１月１日時点における価格を７月に発表しています。路線とは道路のことで、市街地を中心に、道路ごとに面積１㎡当たりの価格を算出し、これをその路線に面する土地についての相続税評価額を算出するときの基準の値にしようというものです。土地は道路に面していても、接道の状況（間口）や奥行き、整形か非整形かといった地形（ジガタチ）などの状況によって補正がなされて最終的には評価されます。

路線価はポイントごとに不動産鑑定士が評価していますが、おおむね公示地価の８割を目安にしているともいわれます。

さてもう多くの読者はお気づきだと思いますが、役所などが公表する土地の価格は、「一物四価」と言われるように、公示地価、路線価、都道府県基準地価、固定資産税評価額の４つがあります。それぞれ主管が異なり、公示地価は国土交通省、路線価が国税庁、基準地価が都道府県、そして固定資産税評価額が市町村です。

だいたいにおいて公示地価と基準地価は主務官庁が異なるだけで、土地の時価を勝手に査定して公表しているだけです。こんな国は世界の中でも珍しいです。路線価は相続の時に使われる価格、固定資産税評価額は固定資産税を徴収する市町村がその根拠として使用する評価額です。どちらも税金を徴収するために設けたもので、路線価は公示地価のおよそ8割、固定資産税評価額が同じく7割などとやっていますが、果たしてそれぞれを別々に評価する必要があるのでしょうか。

特に相続における路線価などは、実際に相続が発生しなければ基本的には使われない値です。これをいちいち7月に大々的に発表している意味が私にはわかりません。

それぞれの主務官庁が発表するため、年に4回メディアでは地価に関する報道が繰り返される事態となります。ただこれは情報ソースが異なるだけで、同じような内容のものを年4回も発表しているわけです。

したがって地価の上昇期には、国民から見れば繰り返し「地価が上がっている」ような錯覚にとらわれる。同様に下がっているときは繰り返し「地価は下がっている」などと報道されるので、ものすごく下がり続けているような錯覚にとらわれることになります。

私見を述べると、まずこの一つの土地に4つの価格を付けることをやめることから始めてはいかがかと思います。公示地価と基準地価については、国や自治体が地価を勝手に診断して価格付けをするという行為に対してまず違和感があります。作業を命じられる鑑定士にしても、何の動きも見られない大半の路線に関して、鉛筆を舐めたような評価をせざるを得ません。

毎年の不動産価格の変動が知りたければ、今なら民間の調査会社に、その年に生じた不動産取引に応じたマーケットレポートを作成させれば、おおむねの状況はわかるはずです。国からみれば地価の動向を探る必要があるというのならば、この程度で十分です。それでは、地方がわからないじゃないかと言われますが、もともとそんなに取引もないのですから、毎年発表する意味は少ないのではないでしょうか。毎年定点観測を行う地方を指定してもよいかもしれません。

次に固定資産税評価額は、土地上に建てられた建物を含む全体を、収益還元法（不動産から収受できると予想される収益から価格を算出する方法）と原価法（土地や建物の再調達価格を推定して積み上げる手法）を組み合わせて評価することに一本化してみてはどうでしょうか。賃貸用、住宅用などで一定の掛け目を設ければ、住宅所有者の負担を軽減できるはずですし、賃貸資産については税率を上げてもよいかもしれません。

また、路線価評価は廃止してもよいと思います。相続発生の際に不動産を改めて評価し、相続税を課す方式で、実はあまり困らないはずです。路線価などという物差しを作ってしまったおかげで、本書でも事例に出したように、マンションを使った極端な相続対策を行うなどの「ゆきすぎ」「やりすぎ」が発生するのです。考え方の基本は、固定資産税評価額と同様に算出すれば、相続の際の評価が固定資産税評価額とほぼ同じであることから相続に備えやすくなるのではないでしょうか。

　不動産は工業製品と異なり、すべてが異なるものです。同じ東京都中央区銀座に並んでいる商業ビルでもそれぞれの姿、形は異なり、評価も異なります。それを同じ尺度で一律に評価するこれまでのやり方は、一見すると親切なようで実は解釈を難しくしているように感じます。

　不動産の所有者は自らが持つ不動産を5年に一度程度、しっかり鑑定することを義務付けてもよいかもしれません。その評価額をもって税を納め、また相続時には相続税を納めるということにすれば、不動産をなるべく有意に活用しようとする気持ちが高まるでしょうし、単なる路線価から妄想をめぐらして、行き過ぎた対策を講じるのではなく、第三者の冷静な目で診断された個別の不動産価値をよく理解した上で、これを子や孫の世代に引き継いでいくべきかを考えることができるのではないでしょうか。

　自らの不動産の価値は、国や自治体が勝手につける公示地価や基準地価ではなく、自身が持つ唯一無二の不動産の評価によって知る時代になってほしいものです。

デジタル相続の可能性

私たちの生活においてインターネットは不可欠な存在になりました。それとともに、インターネットで様々な金融取引を行うこともあたりまえになってきました。証券会社は比較的早くからネット証券が取引の中心となりました。ＦＸ（外国為替）取引は、借入（レバレッジ）を起こすことで、短時間で巨大な利益を稼ぎ出すことでおおいに喧伝され、その射幸性の強さゆえに一時は社会問題にさえなりました。銀行も各地にあったＡＴＭコーナーを縮小、撤去し、また通帳発行を有料化し、オンライン上での資金管理を推奨するようになっています。

電子マネーは花盛りです。鉄道系カードを始め、金融クレジットカード系、インターネット系、情報通信系などスマートフォンを介した売買はごくあたりまえの商活動として人々の生活に溶け込んでいます。さらにはビットコインやイーサリアムに代表されるような仮想通貨（暗号資産）を持つ人も増えています。最近ではＮＦＴ（Non-Fungible Token）と呼ばれる代替不可能なトークン（証拠、引換券）が発行されるようになりました。ＮＦＴの世界になると、ネット上に描かれた絵画や動画上での特定のシーン、ゲームに登場するキャラクター、トレーディングカードなど、本当に資産価値があるのかもわからないようなコンテンツまでが取引されています。

実は相続の際には、こうしたデジタル資産も当然のことながら相続対象になってきます。特に仮想通貨などは、取引していることがわかったら、取引所に連絡し、残高を確認してその証明書を発行してもらい、この残高を遺産総額に加えて申告しなければなりません。そもそもこうした取引に不慣れな相続人であれば、被相続人が取引を行っていたことがわかっても、取引所に連絡するなどのやり方すらわからないというのが現状ではないでしょうか。

しかし「知らなかった」では済まされません。遺産分割協議書を作成する際に、この事実に気づかずに申告。その後発覚して相続がやり直しになる、加算税・延滞税を徴収されるなどの事態になると大変です。

以前は親が亡くなったら、実家に赴き、金庫や抽斗を開けて、銀行や郵便局の通帳を取り出し残高を確認する。証券会社などから郵送されてくる取引残高通知書を確認して、証券会社に届け出るなどといったことを行ってきました。しかしこれからの相続は、親の持っていたスマートフォンやタブレット、パソコンの中身までチェックしなければ、財産の全容を解明できない時代になってきています。

厄介なのが、これらの取引を行っていることが相続人からは見えにくいこと。また親だけが知っていたＩＤやパスワードに阻まれて、スマートフォンすら立ち上げることができないことです。

今後ますます紙媒体によって資産内容が確認できない時代になれば、相続申告の形態を改正して、相続もデジタルで行うことを考えていくべきなのではないでしょうか。

たとえば国民全員への配布が計画されたマイナンバーカード。コンビニで住民票が取れるなどといった小さな便利さを提供したり、マイナポイント発行といったすでにある電子商取引におもねったようなサービスを付加するばかりではなく、各人が持つ金融資産のみならず、不動産を含めた全資産を早期に紐づけして、全財産の把握がオンライン上で容易にできるようにしたいものです。

財産のすべてがマイナンバーカードのもとで一括して管理できるようになり、財産の移動に関して、統一的なパスワードを用いるようになれば、相続の際の手続きも一括ですべてを終わらせることができるようになるはずです。

不動産についても、登記を電子化することでマイナンバーカードに紐づけされ、売買にあたってもオンライン上の取引で行えるようになれば、所有者不明土地の問題も急速に解決されるようになることでしょう。

考えてみれば、そもそも通貨というものは相互間の信頼に基づいて流通しているモノにすぎず、これはすでに現金といったモノの領域を超えて、口座という仮想空間で勝手に動き回るソフトとして認識されています。そういった意味では仮想通貨に代表されるようなデジタル資産の領域はすでに社会においては確立されており、さらに種類が増えて拡張していく最中にあるともいえます。であるならば、これらをすべて包含するデジタル上ですべての資産を取り込んでしまうことは、社会的にも非常に重要な意味を持つことになると考えます。

デジタル相続ができるようになれば、相続に備えていろいろな準備も簡単にできるようになるでしょう。まさにＡＩを駆使して、５年後、10年後の自身の財産がどのように変わっていくのか、ローンを組んでマンションを買うべきか否か、どんな分野に投資を行えばよいのか、様々なシミュレーションが簡単にできるようになるでしょう。

戸籍謄本や住民票なども連結させておけば、相続人がすぐに特定できる。相続の際も、いちいち金融機関から残高証明を取り寄せたり、口座を閉鎖するために窓口に赴いたり、役所に行って各課で手続きを行うなどといった面倒な工程をすべてオンライン上で済ませることができるようになるでしょう。

相続税の計算もたちどころに行われ、納税もエンターキー一本で「はい、おしまい」にできるはずです。国はデジタル庁を立ち上げていますが、いまだに国民にはその目指す方向性が良く伝わってはいないように感じます。これからの大量相続時代、こうしたデジタル化の作業をぜひデジタル庁などが音頭をとり推進していただきたいと思います。

相続税を100%にすると？

ここでひとつの思考実験を試みたいと思います。

相続とは人が亡くなった後、その人が持つ財産のすべてを後継者である相続人に引き継いでいくというイベントです。見方を変えれば、財産の多くは人の死をもってしなければ引き継がれない、という考えに基づくものです。

しかし、人は思いのほか長生きをするようになりました。日本人の平均寿命も2021年で男性81・47歳、女性87・57歳です。戦後間もなくの1950年で男性は58歳、女性は61・05歳でしたから、70年間で男性が23・47年、女性が26・07年、つまり日本人は四半世紀も長生きするようになりました。

図26　日本人平均寿命の推移

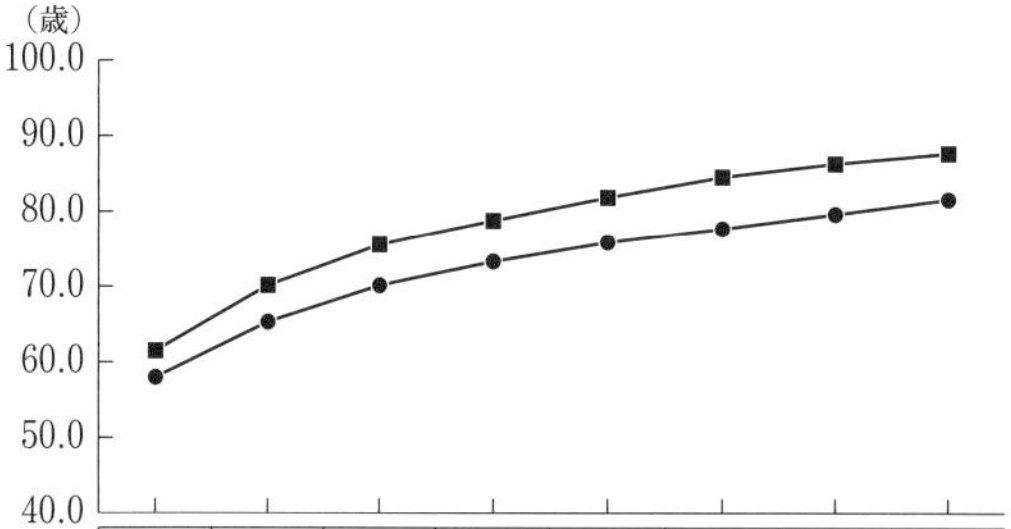

	1950	60	70	80	90	2000	10	20	（年）
─●─ 男性	58.00	65.32	69.31	73.35	75.92	77.72	79.55	81.56	
─■─ 女性	61.50	70.19	74.66	78.76	81.90	84.60	86.30	87.71	（歳）

出所：厚生労働省　簡易生命表、完全生命表参照

この事実は、当初想定していた相続がなかなか起こらない、つまり財産移転が進んでいかない世の中になっていることを意味しています。相続が難しい理由は、財産を持っている親の立場でみれば、自分がいったいいつ死ぬのかがわからない。したがって最期まで財産を持っていなければならないという不安感にあります。

しかし、先述したようにこれでは財産が子に移転するのがあまりに遅い。そして実際に相続する頃には子供も定年を迎えているような年齢になり、さらに財産が死蔵されていきます。

ならばいっそのこと、やや暴論ではありますが、相続が発生したら基本的にはすべての財産は国庫に帰属する制度に改めてみたら社会はどう変わるでしょうか。相続税100%の提案です。そのかわり、一定額までの贈与については贈与税フリーにします。アメリカは相続の際には配偶者は相続税フリーですが、同様にたとえば配偶者への贈与はフリー、子供に対しては子供の年齢が50歳になるまではフリーにして、財産移転を急がせるのです。

それではいくつになったら死ぬかわからないし、財産贈与したあと想定より長生きしてしまったらお金に困るじゃないかという意見もあると思いますが、贈与した子供から親に対する生活資金の贈与についてもフリーにすれば良いと思います。親から子への贈与は子が50歳まではフリー、子から親への親孝行贈与は常にフリーにするのです。

このようにすれば世の中は劇的に変わるはずです。まず相続税対策は全部なくなります。やる必要がないからです。たとえば70歳を超えて1億円以上もっている人は、子供が50歳になるまでに５０００万円を贈与する。残った額のうちどうみても亡くなるまでに必要でなさそうなお金は使ってしまう。どうせ死んだら国に召し上げられてしまうのですから。すると街中にそんな高齢者が集まって、ばんばんお金を使うようになるでしょう。国内消費が一向に良くならないのは、高齢者がお金を死蔵させているから。このお金が軍資金に代わってどんどん消費に向かいだせば、日本経済は飛躍的に改善していくことでしょう。まさに「じじばば消費」の活性化が日本を救うのです。

若くて本当にお金を必要としている人たちに早期に財産が移転されれば、私たちはもっと豊かな消費社会を楽しめるというものです。お金は使うためにあるもの。貯めこむ必要のある金額は亡くなるまでの分、と考えれば日本人全体のかなりの人たちがもっと幸せになれるはずです。また、贈与できる金額に限度を設けることで、法外な財産が何の苦労もしていなくても二世、三世に引き継がれていくような格差社会を助長させることもなくなります。

流動化すべき資産は金融資産ばかりではありません。不動産も一旦国庫に入ったもののうち、活用できるように国が整備してマーケットに登場させれば、不動産が循環して流通取引は活発になるはずです。家を買いたい人の目の前に手ごろな値段の不動産が、国を通じて民間の手に委ねられ、常に商品化されれば、多くの人たちの生活水準は上がるはずです。国を通じて不動産が適切に供給されれば、不動産を買う、借りることに対してのハードルが大いに下がることにつながるのです。逆に相続人が、本書で指摘してきた「いらない相続」で転がり込んできた使えない負動産の扱いで悩むこともなくなります。

借入金は子供に引き継がせるのではなく、返済できないのだから相続時でチャラにします。そもそも借金を子供にまで負わせる考え方はこれからの時代にはマッチしていません。

そうであれば銀行も、もっと慎重に融資をするようになるでしょう。そして返済ができずに亡くなるような融資を行ったことに対しては、銀行にも相応の責任を取らせればよいのです。

もともと日本は相続税の最高税率が世界最高水準です。今は税率を軽くしていこうとする動きもあるようですが、これでは財産の移転は進まない上、金持ちだけを優遇しているという誹りを招きかねません。「相続税１００％」政策はまさにその逆で、眠っている資産を揺り起こして世の中にばらまくのです。

税金フリーの贈与額には一定額の制限を設けます。制限せずにいると、若い人たちの間で、親からの贈与額の多寡によって急速に資産格差が広がる恐れが高いからです。まさに「親ガチャ」です。たとえば相続した子供の平均余命と家族構成などをデータ化してＡＩなどに診断させて、適当な額をシミュレーションし、算定された額内での贈与税フリーにする仕組みを構築してもよいかもしれません。障碍者や生活が困難な一定の事由のある方にはさらに優遇措置を加えてもよいでしょう。社会はなるべくイコールフッティング＝同じ立ち位置で競争させたほうがよいのです。

「一定の金額まで資産はもらってよい、ただしその後は自分で稼ぎなさい」がテーマです。

わかりやすい指標ですし、早めにもらった財産を運用してもよいです。若いころから資産運用を行うことで、金融リテラシーも格段に上がることでしょう。悪いことはなにもありません。

いっぽうで中国やシンガポール、オーストラリアのように相続税をフリー、0%にする考え方はどうでしょう。これはどうみても金持ち優遇になりそうです。経済政策的には外国人を含む個人の投資マネーを呼び込む手法としては適切でしょうが、実際にシンガポールなどでは一部の華僑系富裕層とマレー系住民の間の格差は広がるばかりです。今の日本でこの政策を採用することは、日本社会における資産の滞留、消費の低迷という根本的な問題を解決せずに、ただ国民間の格差だけを助長するものとなってしまうでしょう。

相続税100%という考え方は国の財政にも良い影響をもたらすはずです。国民ひとりひとりが稼いだお金は、生きている間になるべく使ってもらう。相続人となる子供には一定額の贈与は税金を掛けずに移転を促すが、一定額以上には税を課す。そして資産移転を早めるために受け取る子供の年齢に上限を設ける。そして亡くなったらいったん国が引き取る。引き取ったお金を、すべての国民に対してのサービスに振り向ける。

この施策によって国中でお金が回りだし経済は活性化する。日銀が苦労してお札を刷って世の中にばらまき続けても、国民の懐が潤うことはありませんでしたが、高齢者を中心にお金を使い始めれば、そして国が巻き上げたお金をまたマーケットに効果的に流し続けていく、このマネー、資産循環型の仕組みを構築できれば、日本社会そのものが大きく変わるはずです。

土地は国のものにすればすべてが解決する

さてもう少しこの議論を深めましょう。相続税率をすべて１００％とすると、預貯金や有価証券はもちろん不動産もその所有権が国に移ることになります。いったんリセットするという壮大な実験、構想です。この考え方に則るのならば、土地についてはもともと国土なのですから、最初から国のものにしておけばよいのではないでしょうか。発想の転換です。

良い事例がイギリスにあります。よくイギリスの土地はすべて国王が所有している、と言われます。実際は、国王が所有しているのはイギリスの中でもイングランドとウェールズだけです。スコットランドは個人や法人が土地を直接所有できます。

もう少し具体的にみてみましょう。イギリス、たとえばロンドンで土地を買うことはできないのかといえば、もちろん買うことはできます。イングランドやウェールズで土地を買う場合は、freehold と leasehold という2つの権利のいずれかの形で買うことになります。freehold は土地の永代使用権のようなものです。したがって永代使用権のもとで所有し、転売もでき相続されていきます。いっぽう leasehold は日本でいう定期借地権に近い考え方です。通常借地期間は99年です。思い出す方が多いでしょうが、イギリスが香港を99年間支配下においたのも、この leasehold に近い概念が根底にあると言われます。借地代はかかりますが、99年もあれば実質所有しているも同然です。

では freehold と日本でいう所有権とでは何が違うのでしょうか。ひとことで違いを言うのならば、最終的な所有権者が誰であるかというところです。イングランドやウェールズの土地は最終的には国王、つまり国が持っているということです。

これは日本にとって、とても参考になる考え方です。日本では土地の所有権は非常に強固な権利です。土地を所有しさえすれば、理由がなければ他人はもちろん公権力ですら立ち入ることができません。空き家問題や所有者不明土地問題でも常にその解決を阻んでいる根本的理由のひとつにこの私権の強さがあります。

ところが freehold の良いところは、最終的な所有権が国王であり、管理者は国、つまり政府であるというところです。この考え方に基づけば、たとえば利用を全くしていない、管理が行き届かずに社会に迷惑をかけているような状態の不動産に対して、国が最終所有者として、様々な指導や勧告をもっとスムースに行えるようになります。最終的には権利を取り上げることも可能だからです。

道路や空港、鉄道事業のために土地を収用する際にも、手続きは簡略化され、事業開始までの時間をかなり節約できるはずです。外国人による不動産所有にも一定の制約を課すことができるようになるでしょう。今、日本の不動産が海外から注目されている理由は、何も円安ばかりではなく、この日本における異常なまでに権利保護された不動産の所有権にあるのです。

最終的な土地所有権があくまでも国に帰属するのならば、本書でも紹介してきた不動産の国庫帰属制度をあらたに設ける必要はありません。いったんすべての土地所有権を国家に帰属させる法律に変えれば済む話になります。加えて、イギリスにおける freehold や leasehold のような権利形態を導入することで、これまでと同様の不動産取引が行われるいっぽうで、活用されない、一定の役割を終えた不動産は自動的に国に戻されることになるでしょう。

国や自治体による国土利用計画も非常にスムースなものとなるはずです。

よく土地を国の所有にすることは共産主義になるかのような錯覚を持つ人がいますが、土地は国土そのものです。国民にとって土地は、あくまでも国の許可を得て使わせてもらう、という発想があってもよいのではないでしょうか。

さてこの考え方を相続の現場から今一度整理してみましょう。土地が本来的には国に帰属するものであれば、「いらない不動産」の章で取り上げたような困った不動産は国にお返しすれば済むことになります。もちろん帰属制度で定義されたように、土地上の家屋を取り壊す、などの原状復旧は必要になるでしょうが、何のケアもされない放置不動産の問題もなくなります。

また土地の権利関係が国に一本化されることで、これを利用する（freehold でも lease-hold でも）情報が一元化され、デジタル化の作業もすすめやすくなるでしょう。その結果として相続手続きも簡略化され、相続で悩む人も少なくなると期待できるのです。

国家として、土地の権利の多くが私物化された状態のまま、これからの人口減少がすすむ中で、早急に対処していかなければ、国土は荒廃し、外国人によって日本の重要な土地が次々に支配されていくことにもつながりかねません。

土地をまずは国のものにする、この決断だけで、相続だけに限らず、不動産に纏わる多くの問題が、解決への糸口を見いだせるのです。

国土の絵図を描きなおそう

日本は戦後から75年以上、つまり3四半世紀という時間の中で急速な発展、繁栄を続けてきました。一時は世界を代表する経済大国とまで賞賛され、教育水準も高く、日本人であることの誇りを実感してきました。

ところが平成バブル崩壊以降、日本は世界における地位を急激に落とし、今や先進国の中でも周回遅れと揶揄されるほどに元気のない国に落ちぶれています。台頭する中国はもちろん、最近では各種経済指標の一部において、韓国や台湾、香港などの東アジア諸国の後塵を拝するまでになっています。

原因はいろいろ取り沙汰されていますが、そのうちのひとつとして確実に言えるのが、戦後に形成されてきた成功の方程式や、その方程式によってもたらされた価値観の多くが、制度疲労を起こして機能しなくなっていることです。

私たちは今一度、原点に立ち返って国の制度のひとつひとつを検証し、これからの未来の足枷になる部分を取り除き、未来を歩む子供たちのために新たな国造りを行っていくべきだと感じます。

相続が資産の承継にあることは論をまちませんが、資産そのものに対する考え方、価値観は急速に変化しています。３四半世紀という膨大な時間の経過に従い、ハードである資産そのものに加えて、考え方、価値観の承継も必要とされているのではないでしょうか。

不動産についても、たとえばミレニアル世代（１９８０年～１９９５年生まれ）、Ｚ世代（１９９６年～２０１０年代前半生まれ）と世代が進むにつれ、所有することの価値を重視しなくなっていると言われます。車を保有しない、必要なものはなんでもシェアすればよい。彼らの基本的な価値観に照らし合わせれば、相続において不動産という重たい資産を承継することは、必ずしも歓迎されるものとはならなくなってきているのです。

であるならば、彼らが相続においてはじめて不動産という重たい資産の取り扱いに悩まないよう、その前に個人としては、次世代が使える資産と、承継する必要のない資産とを見極めて、可能な限り身軽になっておくことが必要でしょう。いらない相続の代表格が、いらない不動産になるこれからの社会においては、この見極めが極めて大切になることは論をまちません。

いっぽうでこれを社会制度としてとらえなおすのならば、私たちは今こそ国土の絵図を描きなおす時代を迎えているのではないでしょうか。戦後、新しい時代が始まって75年の時が経過し、戦後に構築したいろいろな制度が時代に合わなくなっています。若い頃は似合ったデザインの服でも歳を取ると、身体に合わない、なんだかおかしなものになるように、国の制度も時代の進展に合わせて衣替えをしていかなくてはならないのです。

ところが現在、国が行っていることの多くが、現行制度を土台にした化粧直しにすぎず、制度自体がつぎはぎだらけになって、本来の意味がどこに行ったのだかわからないような状態になっているものが数多く見受けられます。典型的な例が税制です。毎年政府税調などで議論されるのは、既存制度に特別措置などの上乗せを行うことばかりです。建前として、現行税制について広く意見を募るといってもその多くは、既得権者ともいえる大企業やその権利団体である経団連などからの要望を踏まえたものが議論の中心となります。つまり過去の成功の方程式に凝り固まった組織からの要望ばかりでは、国の基本の方程式を改変する気運は生まれにくいというものです。

しかしながら本書で繰り返し述べてきたように、相続のあり方を抜本的に見直して、財産の次世代への早期移転を促していくことは、社会の中で少数派に陥っている若い方々に資金を潤沢に移動させ、その軍資金をもって豊かな暮らしを営んでいく一つのきっかけになることが期待できます。

相続問題を語ると、どうしても税制や、圧し掛かる税金負担から逃れるノウハウばかりに目が行きがちですが、実は国の存続にもかかわる重大な問題が内包されていることに気づかされます。

跡を継ぐ次世代が、旧世代が残していった財産という名の残滓に苦しむのではなく、あらたな活力を引き出すための栄養剤として、相続による財産承継が合理的に機能するようになれば、日本の未来はそんなに暗いものではなくなるはずです。なんといってもこの75年、３四半世紀にわたって日本人が培ってきた財産は、ハードだけでなくソフトに至るまで膨大なものがあるはずだからです。

本書は相続という、ともすれば個人、あるいは家族の問題に収斂してしまいがちなテーマを、日本社会全体のテーマとして扱ってみました。本書で取り上げた問題、そして提案が土台となって日本の未来展望、国の形を考えるきっかけになる議論が沸き起こることを大いに期待して筆をおきたいと思います。

あとがき　相続が語る人生と未来とは

まえがきでも若干触れましたが、3年半前に父親が他界しました。父親は都内の有名病院の外科医でのちに院長にもなったのでそれなりに著名な医者でした。ただ、亡くなるまで私の父親に対する感情は必ずしも良いものではありませんでした。

医者としては優秀だった父親ですが大正生まれの亭主関白。プライドが高くて威張り、ストレスがたまるとイライラしてよく私の母親やきょうだいにあたり散らし、時には手を上げることもあり、母親を泣かせていました。

私は3人きょうだいの一番下。姉はもともと父親とはそりが合わず、3人きょうだいであれば末っ子の私は一番かわいがられたでしょう、などとよく人から言われはしましたが、父親が溺愛していたのは私の兄でした。農家の長男として生まれ育った父親からみて、やはり長男が一番であり、次男の私は常におまけのような存在でした。みそっことでもいうのでしょうか、家の行事でもなんでも、私は家族という系譜の中から常に一歩外れた存在でした。進学などでも兄の時は、あらゆる資料を読み込んであの学校が良い、この学校はだめなどと研究し尽くし、合格時には兄を抱きしめて喜んでいたのが、私のときには何の興味もなく、ほったらかしでした。私はなるべく厳格な父親と目を合わせないようにし、些細なことでも父親に反発する姉の陰に隠れ、父親とはうまくいっていると思われる兄にすべてを任せ、なるべく自分の存在を隠すようにふるまってきました。

そんな父親が亡くなったとき、私は相続というイベントを初めて経験することになります。祖父母が亡くなったときに、両親がいろいろ手続きをしていたことは覚えていましたが、所詮自分事ではありませんでした。忙しい私に代わって兄が献身的に諸々の手続きを行ってくれたのですが、その兄から自分は相続のことはよくわからないのでと言われ、送られてくる預金通帳やら有価証券明細などに目を通していて、父親の別の顔がみえてくることに軽い驚きを覚えました。

医者としての仕事ばかりしているかと思われた傍らで、どこで知ったのでしょうか、母親に隠れてちゃっかり外国債券などに手を出し、実はかなりの損失を抱えている、母親からはいつも「うちはね、お父さんが長くアメリカで働いていたから年金が少なくて大変なのよ」と言われていましたが、子供の私からみてもちゃんと貯蓄し、運用もしている。それまでの父親の姿がまた違った形となって私の心に刻まれたのでした。

父親が努力して得たもののうち金銭的な価値として示されたのが預貯金や有価証券ですがそれだけが父親の価値ではないでしょう。しかし父親を避け、なるべく接触をせずに生きてきた私にとって、相続はまた違う父親の横顔が見えた瞬間でもありました。なぜ父親は横浜のニュータウンに家を構えたのだろう。何が気に入ったのだろう。都心に所有していた２ＤＫのマンションは当時、父親の母親、つまり私の祖母のために買ったのに、祖母はマンション暮らしが嫌だと言って、結局賃貸用になってしまったこと。でも古くなったとはいえ都心のマンションで今も賃料がちゃんと入っているんだな。千葉県の鴨川にある別荘は、そんな父親が都内の病院を辞したあと、鴨川の病院にお世話になった時に、病院側が提供してくれたリゾートマンションをすぐに出てしまい、「俺はマンション暮らしが嫌だ」といって買い求めた一軒家であること。理由が祖母と全く一緒。親子なんだな。海が好きだった父親はこの別荘から海を眺めて何を考えていたのだろう。それまで敬遠気味だった父親の生きざま、残した言葉、喜怒哀楽のさままでが鮮明に私に語りかけてきました。

　相続とは単なる資産の継承ではありません。形としてのハードの継承のみならず、形を作り出した考え方、価値観の標榜でもあるのです。そうした意味で相続は非常に崇高なイベントであり、これらを束ねた相続の全体は、日本という国の承継にもつながるものなのです。

老廃物は捨て、新たな新陳代謝を促すための機会を創出できる、そんな相続の未来を期待して本書の結びとしたいと願います。

本書の執筆にあたっては、税務関係の記述についてはエクスプレス・タックス株式会社会長の廣田龍介先生に監修いただきました。また文春新書の前島篤志編集長、池内真由さん、熊谷未希さんの手をたくさん借りることで本書を世に出すことができました。紙面を借りて御礼申し上げます。

牧野知弘（まきの　ともひろ）

不動産事業プロデューサー。経済・社会問題評論家。オラガ総研代表取締役。東京大学経済学部卒。第一勧業銀行（現・みずほ銀行）、ボストンコンサルティンググループを経て、三井不動産に勤務。その後日本コマーシャル投資法人執行役員としてJ-REIT（不動産投資信託）市場上場を経験後、2009年に独立。現在は、不動産などのアドバイザリー業務のほか、不動産事業プロデューサーとして企画立案、市場調査、講演活動を展開。『ここまで変わる！　家の買い方　街の選び方』（祥伝社新書）、『不動産の未来　マイホーム大転換時代に備えよ』（朝日新書）など著書多数。

文春新書

1398

負《ふ》動産《どうさん》地《じ》獄《ごく》　その相続《そうぞく》は重《おも》荷《に》です

2023年2月20日　第1刷発行

著　者　　牧　野　知　弘
発行者　　大　松　芳　男
発行所　株式会社　文　藝　春　秋

〒102-8008　東京都千代田区紀尾井町3-23
電話（03）3265-1211（代表）

印刷所　　理　想　社
付物印刷　大日本印刷
製本所　　加　藤　製　本

定価はカバーに表示してあります。
万一、落丁・乱丁の場合は小社製作部宛お送り下さい。
送料小社負担でお取替え致します。

ISBN978-4-16-661398-4